긍정적 욕망의 힘

The Power of Positive Desire
Copyright 2005 by LaDonna C. Osborn
Printed in the United States of America
All Right Reserved

2014 / Korean by Word of Faith Company, Korea.
Translated and published by permission
Printed in Korea.

긍정적 욕망의 힘

발행일 2014. 9. 27 1판 1쇄 발행
        2025. 3. 17 1판 3쇄 발행

지은이 T. L. 오스본
옮긴이 김진호
표 지 심유정
발행인 최순애
발행처 믿음의 말씀사
2000. 8. 14 등록 제 68호
우)16934 경기도 용인시 기흥구 신정로 301번길 59
Tel. 031) 8005-5483 Fax. 031) 8005-5485
http://faithbook.kr

ISBN 89-94901-58-2 03230
값 16,000원

* 성경구절은 개역개정판을 기준으로 삼음.
* 본 저작물의 저작권은 '믿음의 말씀사'가 소유합니다.
  저작권법에 의해 보호를 받는 저작물이므로 무단 전재와 복제를 금합니다.

긍정적 욕망의 힘

T. L. 오스본 지음 | 김진호 옮김

믿음의말씀사

목차

사랑하는 친구여 _ 10

소개의 글 _ 17

제1장 제한조건들로부터 자유하라 _ 21

제2장 천사를 풀어 놓기 _ 25

제3장 하나님의 아이디어로 꽃피우라 _ 28

제4장 당신의 머리를 먹이고 당신의 곡식 씨앗을 심으십시오 _ 32

제1부 찾으십시오

제5장 자유롭게 생각하기 _ 37

제6장 빈곤 혹은 부요함 _ 42

제7장 상식과 풍성함 _ 49

제8장 찾아서 발견하십시오 _ 53

제9장 우리를 신뢰하시는 하나님 _ 61

제10장 긍정적인 욕망의 일곱 가지 기본 _ 64

제11장 우리는 하나님의 꿈을 가지고 있습니다 _ 66

제12장 성공은 하나님의 아이디어입니다 _ 70

제2부 감탄하십시오

제13장 새로운 관점 – 더 좋은 인생 _ 75

제14장 성취할 수 있는 수용능력 _ 81

제15장 성공에 대한 최고 스승 _ 87

제16장 긍정적인 욕망을 가진 신자들 _ 91

제3부 갈망하십시오

제17장 성취하도록 힘을 얻다 _ 99

제18장 긍정적인 갈망의 힘 _ 102

제19장 지금 우리에게 필요한 하나님의 것 _ 108

제20장 당신의 영역을 갈망하십시오 _ 112

제21장 욕망의 제국 _ 116

제4부 구하십시오

제22장 하나님의 가장 좋은 것을 구하기 _ 125

제23장 당신은 걸작품입니다 _ 130

제24장　하나님의 손이 당신의 손입니다 _ 137

제25장　욕망을 기도하기 _ 143

제26장　하나님이 원하시는 것을 구하십시오 _ 147

제27장　욕망의 힘은 믿음의 힘입니다 _ 164

제28장　왜 가장 좋은 것을 구합니까? _ 172

제5부　땀을 흘리십시오

제29장　당신 안에서 일하시는 하나님의 믿음 _ 179

제30장　하나님과 함께 큰 사업에 뛰어들으십시오 _ 184

제31장　형통의 맹세 _ 190

제32장　하나님이 원하시는 것을 선택하기 _ 194

제33장　누구든지란 바로 당신을 말합니다 _ 200

제34장　키쿠유 족 카리유키 _ 204

제35장　하나님과 함께 끝까지 _ 210

제6부　획득하십시오

제36장　획득하는 것은 행동하는 것입니다 _ 219

제37장　획득하도록 영감을 받으십시오 _ 224

제38장　니얀자에서 온 오무쿨루 _ 227

제39장 믿음과 행동 _ 236

제40장 당신은 하나님의 본부입니다 _ 240

제41장 큰 비밀을 배우기 _ 242

제7부 영감을 불러일으키다

제42장 영감을 주는 삶 _ 247

제43장 한 사람의 경이로움 _ 251

제44장 내 안에 있는 하나님의 아이디어들 _ 256

제45장 복음은 영감입니다 _ 263

제46장 영감으로 가는 길 _ 269

제47장 최고의 영감 _ 274

제48장 영감의 길 _ 278

제49장 영감의 놀라움들 _ 283

제50장 긍정적인 욕망에 영감을 주기 _ 287

그리스도교의 사명 – 오스본 사역의 회고 _ 292

바치는 글

나의 사랑하는 아내, 세계적으로 영혼을 구원하는 사역을 하는 오스본 국제 재단의 공동 창시자, 80여 개가 넘는 나라에서 얼굴과 얼굴을 보며 예수와 그분의 삶을 나누었던 사역자에게, 그리고 조언과 창조적인 편집과 취합 등 이 책을 준비하는 데 도움을 준 모든 분들께 이 책을 바칩니다.

사랑하는 친구여

긍정적인 욕망의 힘은 이해하게 되면 행복하고, 힘차고, 건강하고, 성공하는 라이프스타일로 당신을 올려주게 되는 역동적인 힘입니다.

나는 이 힘의 긍정적인 의미를 당신이 발견하도록 도와줄 자격이 있다고 생각합니다.

내 나이 갓 17세, 그녀의 나이 16세였을 때, 나는 아내 데이지 마리 워시번Daisy Marie Washburn을 만났습니다. 일 년 후 우리는 결혼을 했습니다. 스물과 스물한 살에 우리는 인도의 선교사가 되었습니다. 스물셋과 스물넷에 10,000명에서 25,000명이 되는 청중들이 우리의 가르침을 듣기 위해 오고 있었습니다. 1995년 그녀가 소천하기 전까지 53년 동안 우리는 행복과 사랑과 국제적인 사역을 함께 경험하는 특권을 누렸습니다.

80여개 나라에서 우리의 청중은 20,000명에서 300,000명에 이르렀는데, 대형 운동장, 야구장, 육상 경기장, 넓은 들판에 온갖 종교와 신앙과 확신을 가진 사람들이 자유롭게 모였습니다.

우리는 정통한 유일한 메시지는 복음good news이라는 것을 믿습니다.

힌두교와 불교는 가난, 불행, 부적합함, 질병, 무의미함, 열등감 같은 조건들을 신들이 준 운명으로 받아들입니다.

종교냐 복음이냐

그리스도교가 그냥 하나의 다른 종교가 되면 별로 다르지 않습니다. 바리새인적인 전통이 그리스도교에서 만들어 낸 이 "종교"는 경건한 중세 신학에 뿌리를 두고 있으며, 그 복음을 잃어버렸습니다.

하나님과 성경을 믿는 참 신자가 사기를 꺾고 사람을 짓누르는 조건들에게 아무 소망도 없이 순복하여 고개를 숙이는 것이 논리적입니까?

종교는 그 추종자들의 어떤 종류의 자기 책망이나 통한 같은 것을 불가피하게 끌어내는 듯합니다.

하나님은 당신을 믿으시며, 당신을 너무나 가치있게 여기시고 높이 보시므로 당신을 자신보다 아주 조금만 낮은 존재로 창조하시고, 당신의 건강과 행복과 성공과 성취를 위해서 그분이 생각할 수 있는 모든 보물과 아름다움으로 당신의 세계를 치장하셨습니다.

그분은 자기 형상을 따라 창조하신 사람들에 의해서 이 놀랍도록 아름다운 세상이 활용되도록 창조하셨습니다.

인류가 죄를 지으므로 이제 육체적인 고통과 결핍과 극한 가난의 모욕과 같은 것들에 의해 값을 지불해야만 한다는 아이디어는 일반적으로 받아들여지고 있지 않습니까?

성경은 죄의 열매에 대하여 분명합니다. 그러나 좋은 소식은 우리가 큰 잘못을 했는데도 하나님께서는 우리를 결코 떠나지 않으신다는 것입니다. 오히려 우리를 너무나 좋아하셔서 우리를 죄로부터 속량하시려고 그의 아들을 보내시고, 그분이 우리가 받을 심판의 고통을 우리의 이름으로 받게 하셔서, 우리가 영원히 죄와 정죄와 심판으로부터 자유롭게 하셨습니다.

사람들을 세워주는 메시지

우리가 만일 스스로를 자책하며 살면서 열등의식을 받아들이고, 고통받고, 위축된 상태로 지낸다면, 예수 그리스도의 죽음은 우리가 이 땅 위에 사는 동안에 우리에게 어떤 유익도 되지 못합니다.

낡은 신학은 **좋은 소식**의 요점을 놓쳤습니다. 성경의 메시지는 사람의 기운을 꺾지 않고 높여 줍니다. 정죄 대신에 용서를 알려 줍니다. 대부분의 서양 종교들은 조슈아 리버만Joshua Liebman이 "너희 비참한 인간이란 벌레들아 죗값을 치러라! 심판의 막대기로 자신을 때려라. 너희 죄지은 혼에 깊은 상처가 나도록 하라… 그렇게 하지 않으면 너희들은 하나님 보시기에 아무 가치도 없다."

라고 말한 것처럼 사람들을 호되게 꾸짖습니다. 그러나 성경의 메시지는 사람들이 건강하고, 행복하며, 성공하고, 자긍심을 가진 좋은 삶을 발견하도록 도와줍니다.

「긍정적 욕망의 힘」은 당신이 평범함을 거절하고 탁월함을 경험하도록 동기를 부여하기 위해 쓴 책입니다.

욕망은 제국입니다

긍정적으로 이해되고 방향이 제시되면 욕망은 한 사람 안에 있는 강력한 힘입니다. 이 책을 읽으면 편견을 가진 종교적 영향력에 의해서 당신 안에 무력하게 있었던 이 창조적인 에너지가 풀려나서 당신은 다시 높이 솟아오르게 될 것입니다.

당신 안에서 이런 일이 일어나면 당신을 둘러싸고 있는 환경과 조건들은 긍정적으로 순응하게 될 것입니다. 하나님은 당신의 삶에 그분의 풍성한 선하심이 사실이 되도록 풀려나게 될 것입니다.

나는 물질에 대한 균형이 없는 이익을 극구 찬양하고 있는 것이 아닙니다. 당신도 우리와 같은 태도를 가졌을지도 모릅니다. 우리는 물질적 형통함을 선택한 적이 없었습니다. 그러나 우리는 하나님께서 땅 위에서 그분의 뜻을 행하는 그분의 자녀들을 축복하고 그들이 사용하도록 하기 위해 이 위성에 물질적 부를 두셨다는 것을 믿습니다.

하나님께서는 우리에게 선택권을 주셨습니다

젊었을 때 우리는 하나님의 인도를 구하는 기도를 오랫동안 하는 가운데 심오한 영적 경험을 하게 되었습니다.

놀라운 방법으로 주님은 우리에게 말씀하셨습니다. "너는 미국에서 부요하고 대단한 사역을 할 수 있다. 너는 물질적으로 형통할 것이며, 인생의 가장 부요한 것과 가장 좋은 것을 누릴 것이다. 그것은 내가 창조한 것이며, 네가 제한이 없는 형태로 나의 영적인 성공은 물론 땅의 물질적인 풍성함도 누리는 것이 나의 뜻이다.

혹은 네가 물질적인 부를 원하지 않더라도 너는 가서 세상의 사람들과 나의 풍성함을 나눌 수도 있다. 네가 이렇게 하면, 너는 세계적으로 인류의 선에 기여하도록 수백만 달러를 관리하면서 여전히 왕족처럼 살며 네가 원하는 것은 무엇이든지 가질 수 있다."

우리는 이것을 선택했습니다. 우리에게 맡겨진 모든 물질적 축복은 온 세상에서 사람들이 하나님의 선하심을 발견하도록 도와주는 데 바쳐졌습니다.

우리는 자녀들을 키웠고 세상의 여러 나라에서 살았습니다. 초가집, 오두막집, 모텔, 호텔은 우리의 저택이었습니다.

달구지, 택시, 기차, 나룻배, 화물선, 비행기는 우리의 마차였습니다.

시장, 나무 그늘, 거리의 공터, 까페, 레스토랑은 우리의 연회장이었습니다.

경치, 산들, 사막들, 강들, 공원들, 온 세상의 아름다움은 우리를 위한 비밀 정원이었습니다.

푸른 하늘과 별들이 가득한 하늘들의 천장은 우리가 군중들을 가르치는 성당이 되었습니다.

우리는 왕족입니다. 우리는 부요합니다. 우리의 부는 우리 안에 있으며, 이 땅의 어떤 것도 우리에게서 존귀와 신성한 왕족 신분과 자긍심의 라이프스타일을 빼앗아 갈 수 없습니다.

황금 같은 발견

눈을 들어서 탁월함을 취하도록 당신을 격려하는 것은 물질적 소득의 중요성을 과장하려는 것이 아닙니다. 우리가 의미하는 것은 하나님의 피조물로서 당신의 중요성을 강조하려는 것입니다.

이 책은 당신 자신이 가지고 있는 부self-wealth라는 황금을 발견하도록 할 것입니다. 당신 안에 이미 가지고 있는 이 영적인 부의 결과는 좋은 땅에 밀을 심으면 밀을 생산하는 것과 같이 당신 안에 그리고 당신 주위에 있는 육체적, 물질적 부를 확실하게 생산할 것입니다.

내가 할 수 있는 말은 오직 "와우!"라는 말밖에 없습니다! 당신과 나는 아주 멋진 여행을 함께 하게 될 것입니다. 당신은 정상을 향해 가고 있습니다. 이 순간부터 다시는 당신 자신을 보통 사람이라고 생각하지 않기로 나와 약속하십시오. 하나님께서 귀하게 여기시는 것을 하찮게 여기기에, 당신은 하나님께 너무나 중요한 사람입니다.

당신의 욕망의 제국을 건설하도록 모든 것이 당신 안에 있습니다.

우리는 당신을 사랑하며 당신이 이 책을 읽는 동안 당신을 위해 기도할 것입니다. 나의 딸 라도나LaDonna와 나는 하나님께서 우리에게 원하시는 것이므로 사람들을 일으켜 세워주기 위해 살고 있습니다. 자, 떠납시다.

소개의 글

하나님은 그분의 능력으로 각 사람을 독특한 존재로 창조하실 때 욕망의 힘을 선물로 주셨습니다. 이 섭리적인 힘을 공급하는 욕망의 힘을 이해하게 되면 선을 향한 인류의 잠재력이 풀려지며, 상처투성이인 세상에 희망을 주며 치유를 가져다주는 방법으로 하나님의 초자연적인 목적이 표현될 수 있게 됩니다.

사람들은 대개 욕망을 생각할 때 그들의 마음은 오직 재정적인 형통이나 개인적인 행복 같은 것에만 초점을 맞춥니다. 사람들이 물질적인 부와 행복, 성공과 평안, 삶의 목적과 성취를 찾을 수 있도록 안내하는 많은 세상적이고 종교적인 책들이 쓰였습니다.

나의 아버지께서 쓰신 「긍정적 욕망의 힘」의 독특한 점은 무엇일까요? 왜 이 책이 쓰였을까요? 오직 서양 사람들에게만 관계가 있는 "미국식" 개인 성공과 성취의 메시지라고 보는 많은 나라와 문화에 속한 사람들이 하는 여러 어려운 질문들에 대해 이 책은 어떤 해답을 제시했을까요? 왜 당신 자신의 욕망과 삶의 목적에 대한 당신의 생각을 바꿔줄까요?

너무나 자주 그리스도인들은 욕망은 육신적이며 악한 것이므로 개인적인 욕망들은 성경에 근거한 가장 고상한 삶에 반대가 된다고 가르침을 받아왔었습니다. 이런 잘못된 개념은 많은 그리스도 중심의 남녀들이 그들의 심령의 욕망에 대하여 의심을 품고 살게 하고, 축복과 소망을 가져다줄 하나님이 주시는 아이디어를 거절하게 하고, 불필요한 죄책감과 정죄감으로 짐을 지웠습니다. 자기중심의 야망과 부정적인 욕망은 속량받은 라이프스타일에 반대된다는 것은 맞는 말이지만, 하나님께서 사람들 안에 긍정적인 욕망을 수용할 능력도 창조하셨습니다. 이 책의 목적은 당신 안에 있는 긍정적인 욕망을 활성화시켜 당신이 하나님과 연결된 것에 대한 더 큰 느낌과 다른 사람들의 선을 위해서 당신 자신이 가진 잠재력에 대한 증가된 인식을 경험하도록 하려는 것입니다.

우리의 삶과 사역은 예수 그리스도라는 분을 중심으로 하고 있으며, 그분이 자신을 믿는 사람들에게 제공한 것과 그분의 삶과 죽음과 장사됨과 부활을 통하여 그분이 제공한 것을 중심으로 하고 있습니다. 이런 공급들은 모든 사람들을 위해 제공된 것입니다. 긍정적인 욕망의 힘 안에 있는 진리와 개념들은 하나님의 말씀인 하나님의 성경의 원리에 근거하고 있습니다. 모든 참된 성경적인 가르침들은 성이나, 피부색이나, 인종이나, 사회적 계급에 관계없이 누구에게나 적용될 것입니다. 당신이 미국의 한 도시에 살고 있든지, 러시아의 시골에 살고 있든지, 당신을 위한 하나님의 계획은 당신에게 좋은 것입니다. 당신이 행복하고, 평안하고,

자긍심을 가지고, 성취감을 느끼며, 물질적인 축복을 누리는 것이 하나님의 소원입니다.

긍정적인 욕망의 성경적 메시지는 더 잘 사는 나라나 사람들만을 위한 것이 아닙니다. 그분의 속량 계획이 그리스도를 믿는 모든 사람들을 포함하고 있기 때문에 성공, 평안, 행복, 목적을 향한 하나님의 계획은 모든 사람들을 위한 것입니다.

그렇게 많은 다른 문화와 환경들 가운데 있는 사람들을 섬기며 여행하였던 나의 생애 동안에 나는 사람들을 향한 하나님의 포괄적인 사랑의 증거를 보았습니다. 심지어 가장 고립되고 잊혀진 사람들도 예수 그리스도를 통하여 자신을 우리에게 드러내시는 창조주 하나님께는 중요한 사람들이었습니다. 긍정적인 욕망의 성경적 메시지는 하나님께서는 그들의 삶의 모든 분야에서 사람들과 동역자가 되고 싶어 하신다는 것을 생각나게 해 주었습니다. 가장 기대를 하지 않았던 남자와 여자들도 그리스도의 생명과 사랑의 임재에 의해 변화되는 것을 나는 목격하였습니다. 이전에 거지였던 사람이 위엄있는 사업가가 되었습니다. 신뢰가 가시 않던 실패자들이 자기가 살고 있는 공동체의 발전을 위해 확신에 찬 목소리를 내는 사람이 되었습니다. 가진 것도 별로 없었던 단순한 사람들이 상처 입은 사람들을 위한 거대한 복음 사업을 재정적으로 후원하는 사람이 되었습니다.

당신이 이 책을 읽어 가는 동안 하나님께서 당신에게 말씀하시는 음성에 주의를 기울이십시오. 이 진리들은 제한된 세속적인 성공의 영역을 넘어 당신을 이끌어 갈 것입니다. 당신이 생각하는 것과 믿는 것과 사는 것에 있어서 새로운 수준으로 하나님을 알도록 당신의 영을 이끌어 올려 줄 것입니다. 그러면 당신은 모든 것이 풍성하신 하나님과의 관계와 그분과의 동역자 관계에 있어서, 하나님이 당신에게 주셨지만 아직 당신이 한 번도 사용한 적이 없는 그 잠재력의 저수지를 발견하여 삶을 가장 풍성하게 경험하게 될 것입니다. 당신은 "긍정적인 욕망의 힘"을 발견하게 될 것입니다.

라도나 씨 오스본

목회학 박사

제1장
제한조건들로부터 자유하라

 미켈란젤로는 다른 사람들이 귀하게 여기지 않던 대리석 덩어리를 샀습니다. 그걸 산 이유를 묻자 그는 이렇게 대답했습니다.
 "저 대리석 안에는 한 천사가 갇혀 있기 때문이지요. 내가 그 천사를 풀어놓아야 합니다."
 인종, 피부색, 사회적이나 경제적인 지위, 공교육 수준으로 인해 열등감이란 감옥에 스스로 갇혀 있는 사람들을 생각할 때, 또는 외로워하거나, 상처받았거나, 낙심하거나, 두려워하는 사람들을 만날 때, 나는 그 사람을 자유케하는 방법을 내가 찾아 주어야 하는 초인super person이 그 사람 안에 있다는 것을 알고 있습니다.

큰 아이디어

나는 이에 관해서 TV에서 강연을 한 적이 있습니다.

터부시하는 것을 비웃어 버려라,
기쁜 소식을 선택하라.

종교적 난장이 사고방식은 왕자를 거지로, 창조자를 로보트로 만들어서, "안된다는 것들"과 "하면 않되는 것들"이란 사전으로 자유를 빼앗고 종속되게 하였습니다.

하나님은 항상 이렇게 말씀하고 계십니다.

"하나님이 자기를 사랑하는 자들을 위하여 예비하신 모든 것은 눈으로 보지 못하고 귀로 듣지 못하고 사람의 마음으로 생각하지 못한다. 그러므로 내가 그것을 나타낸다(Things beyond your seeing, your hearing and your imagining, are prepared for those who love me; and I have revealed them)"고전 2:9-10(NEB).

하나님은 당신이 이렇게 하기를 원하십니다.

그분의 최고를 원하라.
그분의 길을 찾으라.
그분의 공급을 동경하라.
그분의 복을 갈망하라.
그분의 풍성함을 구하라.
그분의 자원을 얻기 위해 (필요하다면) 땀을 흘려라.

그분의 삶(라이프스타일)을 습득하라.
그분의 후손들에게 영감을 주라.

하나님은 어떤 사람이나 조건이나 시스템에 의해 당신에게 강요된 모든 제한조건들로부터 당신이 자유롭게 되기를 원하십니다. 당신이 건강하고, 부요하고, 행복하고, 성공하는 데는 누구의 허락도 필요하지 않습니다. 하나님은 당신의 욕망의 날개를 풀어 놓음으로써 새로운 영역과 새로운 재산으로 높이 올려지게 되기를 원하십니다.

하나님은 당신에 대해서 오직 한 아이디어를 가지고 있으며 그분의 마음은 결코 변하지 않습니다. 그분의 아이디어는 이것입니다. 당신이 행복하고, 건강하고, 재능이 있고, 번영하여 초인이 되도록 그분의 생명과 그분의 능력을 당신에게 나누어 주는 것입니다.

내가 온 것은 양으로 생명을 얻되 풍성히 얻게 하려는 것이라 (요 10:10). 이 말씀으로 예수님은 당신을 향한 그분의 아버지의 뜻을 요약하였습니다.

평범한 것을 초월하라

당신의 욕망의 날개가 풀려지면 당신은 좋은 것들, 행복한 시간, 건강한 생활, 큰 꿈, 풍성함, 성공, 만족을 원하는 신선하고 새로운 믿음이 당신 속에 꽃 피고 있는 것을 발견하게 될 것입니다.

종교는 이렇게 말합니다. "아닙니다. 당신은 자격이 없습니다. 충분히 선하지 않습니다. 당신은 겸손히 인내해야 합니다. 당신의 운명에 만족하십시오. 가장 좋은 것은 다른 사람들을 위한 것인지는 몰라도 당신 것은 아닙니다. 그런 것들은 당신을 악하게 만들거나 교만하게 할 것입니다."

당신이 들고 있는 이 책은 당신의 욕망들이 실제가 되는 것을 보게 되어 있다는 것을 입증하고 있습니다.

당신은 하나님의 기쁜 소식의 거대함을 발견하고, 평범하고 시시하고 진부한 것들을 초월하게 될 것입니다.

당신은 하나님께서 당신을 위해 계획하신 그 탁월함 안으로 꽃을 피우게 될 것입니다.

여호와 하나님은 해요 방패이시라 여호와께서 은혜와 영화를 주시며 정직하게 행하는 자에게 좋은 것을 아끼지 아니하실 것임이니이다(시 84:11).

너희 안에서 착한 일을 시작하신 이가 그리스도 예수의 날까지 이루실 줄을 우리는 확신하노라(빌 1:6).

또 여호와를 기뻐하라 그가 네 마음의 소원을 네게 이루어 주시리로다(시 37:4).

제 2 장

천사를 풀어 놓기

누구든지 자유롭게 보고 새로운 "여자"나 "남자"가 되려는 사람은 그의 욕망의 날개로 날아오름으로써 하나님이 주시는 좋은 인생을 찾아 나설 수 있습니다.

하나님 안에는 좋은 것만 있습니다(시 92:15).

하나님은 좋으시며 좋은 것을 사랑하십니다(시 11:7).

하나님이 얼마나 좋으신지를 알게 된다면 당신은 왜 당신도 좋은 사람이 될 수 있는지 알게 될 것입니다.

하나님을 믿으면 당신은 하나님께서 창조하신 자신을 믿을 수 있습니다.

하나님께서 당신을 조각하여 그분의 형상을 다시 회복할 수 있도록 하려고 당신의 몸값을 지불하신 그분의 사랑 계획love-plan을 이해하게 된다면 대단한 자신감과 자부심self-wealth이 당신 안에 생겨날 것입니다.

탁월함을 위한 것

하나님이 우리 편이라면 누가 우리에게 대들 수 있겠습니까? (롬 8:31)

이것을 다르게 말하면, 하나님께서 당신을 그분의 이상형 인물로 만드신다면, 하나님께서 실제로 만드신 당신을 누가 훼손할 수 있겠습니까?

당신 안에 있는 그분의 재료는 탁월함을 위한 것입니다. 하나님께서 당신을 자유케 하실 수 있다면 그분은 당신이 욕망의 날개를 활짝 펴고 날도록 영감을 주실 것입니다.

하나님의 아이디어는 당신 안에 있는 그 천사를 자유케 하여, 당신으로 하여금 당신이 볼 수 있는 모든 것이 되게 하는 것입니다.

이 책을 다 읽을 때쯤이면 당신은 새로운 값어치의 새로운 탄생이라는 새로운 자유의 느낌을 가지게 될 것입니다.

당신은 이전에 판단하는 자세로 회중석에 앉아 판단하는 태도로 경건한 척 트집을 잡던 제한된 사고방식을 잊어버리게 될 것입니다.

당신은 새로운 평원으로 올라갈 것입니다.

이제 당신은 이런 것을 추구할 것입니다.
이전에 전혀 몰랐던 새로워진 당신의 경계가 없는 시야.

당신은 이런 것들과 결별할 것입니다.
옛날의 터부들, 먹다 남은 스튜에 슨 회색빛 곰팡이.

첫째 : 하나님께서 정말로 당신이 행복하고 건강하고 성공하며 성취하고 살기를 원하는지 당신을 향한 하나님의 꿈과 계획을 당신은 찾게 될 것입니다.

둘째 : 하나님께서 당신에게 보여주신 풍성한 좋으심과 놀라운 후하심에 당신은 감탄하게 될 것입니다.

셋째 : 자신 안에서 일하시는 하나님의 감정들을 발견함으로써 탁월한 좋은 인생을 당신은 갈망하게 될 것입니다.

넷째 : 하나님의 계획을 인정하고 그분의 계획에 당신이 얼마나 중요한지를 알게 됨으로써 당신은 하나님의 최고 좋은 것을 구하게 될 것입니다.

다섯째 : 강력한 저항이나 부정적인 집요함에도 불구하고 새로운 것을 요구하고 유익을 구함으로써 당신은 땀흘려 노력할 것입니다.

여섯째 : 당신이 새로 발견한 것들을 행함으로써 축복과 하나님의 새로운 삶의 양식에 대한 존중함을 습득하게 될 것입니다.

일곱째 : 당신의 부요함과 확신이 넘쳐흘러 다른 사람을 축복하게 됨으로써 당신은 당신 주변의 세계에 영감을 줄 것입니다.

이 책의 각 부분은 최고의 예술가이신 그분이 당신을 분파주의로부터 떼어 내어 그분이 창조하신 역동적인 그런 사람이 되도록 함으로 당신을 더 높이 올려 줄 것입니다.

제 3 장

하나님의 아이디어로 꽃피우라

긍정적인 욕망의 힘으로 일으켜지면 바람이 불거나 폭풍이 오거나, 어두운 밤이나 재난이나, 어려운 시기나 험난한 오르막이나, 비웃음이나 따돌림을 당하거나, 그리스도께서 비유로 말씀하신 그 사람처럼 아주 값비싼 진주를 발견할 때까지 당신에게 동기를 부여해주고 버틸 수 있는 힘을 당신은 발견하게 됩니다(마 13:46).

> 인색하고 평범한 이전 아이디어들은
> 더 지혜롭고 너그러운 담대한 아이디어들에게 굴복합니다.
> The old ideas of miser-mediocrity,
> Bow to bold ideas of wiser generosity.

이것을 알게 된 후에 뒤돌아보면 당신은 이것을 깨닫게 될 것입니다.

> 당신은 곰팡이 난 음식을 거절하고,
> 새롭게 된 당신을 주입하였습니다.

You refused the mildewed stew,
You transfused the renewed you.

당신의 태도가 하나님의 아이디어들로 꽃피게 됨으로써 당신은 자신의 삶에 나타나는 변화에 놀라게 될 것입니다. 더 이상 당신은 과거의 전통 안에 갇혀 있거나 중세 시대의 개념들에 의해 미라처럼 굳어 있지 않게 될 것입니다.

당신이 원하던 것을 갖게 되고 감탄하던 것을 찾게 되어 너무나 기뻐하게 될 것입니다. 당신은 흐뭇한 미소를 띠며 이렇게 말하게 될 것입니다.

나는 구멍에 푹 빠지거나 I don't plop in a slot
무허가 주택에 주저앉아 살지 않습니다. Nor flop in a squat,
나는 새 땅, 새 곡식, I'll opt for the top –
최고를 선택할 것입니다. A new lot; a new crop.

새로운 지평선

당신을 새로운 지평선으로 밀어내는 새로운 아이디어들을 환영함으로써 당신은 새로운 최전방에서 번성하게 될 것입니다.

현상 유지에 머무르기를 거절하고 Refuse the refrain of the status quo
믿음으로 다스리는 편을 선택하십시오. Choose the domain of the faith-pro.

모든 사람들이 무시하려고 하는 한 여인에게 이렇게 말씀하셨습니다. 나도 너를 정죄하지 않는다(요 8:11).

주님은, 나는 너희를 심판하려고 오지 않고 구원하려고 왔다고 말씀하셨습니다(요 3:17).

주님은 지금 당신에게 이렇게 말씀하고 계십니다.

> 네 과거와는 무관하게 Regardless of your past
> 나는 여전히 너를 믿는다. I still believe in you.
> 너는 쓰레기가 아니니 두려워하지 말아라. Be fearless; you're not a trash.
> 나는 네 안에서 살려고 왔단다. I've come to live in you.

그 분은 항상 사람을 믿으십니다. 그분은 기꺼이 자신의 계획을 사람이 수행하도록 하심으로써 이를 증명하셨습니다.

예수님은 말씀하셨습니다. "내게 오는 사람은 누구나 결코 물리치지 않을 것이다"(요 6:37). 살면서 복을 누리려고 그분 가까이 오는 사람들을 격려하기 위해 그분은 이렇게 말씀하셨습니다. "배고프고 목마른 사람들은 복이 있다. 그들은 배부르게 될 것이기 때문이다"(마 5:6).

당신은 무엇을 원합니까? 부, 명예, 사랑, 성공 혹은 인정받는 것?

사람들 대부분은 자신들이 무엇을 원하는지도 모릅니다. 그들은 그냥 살아가는 데만 정신이 팔려서 꾸준히 초점을 유지하지 못합니다.

그 대신……

그들은 뽐내며 달리거나 They jog along a strut,
아니면 남들이 걸어간 길을 터벅터벅 뒤따라갑니다. Or plod along in a rut.

왜냐하면……

그들은 지루해합니다. They are bored.
늘 똑같이 날마다 하는 일입니다. It is the same routine.
그들은 성공해 본 적이 없습니다. They never score.
그들은 꿈도 없습니다. The have no dream.

제 4 장

당신의 머리를 먹이고
당신의 곡식 씨앗을 심으십시오

하나님의 좋음과 풍성함에 대한 새로운 생각들이…

당신의 마음을 채우고, Will fill your mind,
당신의 욕망에 불을 붙일 것입니다. And fire your desire;
당신이 높이 올라가는 기술을 발전시키고, They will skill your climb,
더 높은 곳을 사모하도록 영감을 줄 것입니다. And inspire you higher.

욕망은 이런 것을 선택하는 것입니다.

어떤 길을 선택할 것인가. Which route you will take.
어떤 선택을 할 것인가. Which choice you will make.
어떤 터부를 무시해 버릴 것인가. Which taboo you will shake.
어떤 제약들을 깨뜨려 버릴 것인가. Which restraint you will break.

어떤 욕망을 따라갈 것인가. Which desire you will stake.
어떤 꿈을 깨울 것인가. Which dream you will wake.

우리는 하나님의 최선을 향한 긍정적인 욕망의 능력으로 사람들에게 영감을 불러일으키며 살아왔습니다. 사람들의 관심을 끌 만큼 신선하고 사람들의 영과 혼에 뿌리를 내릴 만큼 오래가는 씨앗이 되는 생각들seed-ideas을 찾아냈습니다.

좋은 씨앗을 받아들이는 사람들이 경험할 수 있는 기적들이나, 그것을 거절하는 사람들을 만난 이들의 실망을 깊이 생각하던 중에 내 마음에 이런 시가 떠올랐습니다. 우리에게 새로운 용기를 주기 위해서 하나님께서는 좀 시시하게 들릴지 모름에도 불구하고 약간의 위트를 사용하시는 것 같습니다.

당신의 머리가 마른 뼈처럼 굳어있다면,
당신의 유익도 보잘것없을 것입니다.
그렇지만 당신의 머리를 채운다면,
당신의 유익은 많아질 것입니다.
If you bone-dry your brain,
You will bon-zai your gain.
But if you satisfy your brain,
You will magnify your gain.

당신의 머리를 의미있게 한다면,
당신은 유익한 것을 얻게 될 것입니다.
당신의 머리를 무의미하게 한다면,
당신의 유익도 죽게 될 것입니다.

When you signify your brain,
You will dignify your gain;
But if you nullify your brain,
You will mortify your gain.

당신의 머리로 인식한 것만이
당신에게 유익함을 입증할 것입니다.
그러나 당신의 머리를 괴롭힌다면,
당신의 이익은 졸아들어 버릴 것입니다.
What you specify to your brain,
You will testify in your gain;
But if you fresh-i-fry your brain,
You will scrimpy-tie your gain.

제 1 부

찾으십시오

두려워 말고 이렇게 담대히 말하십시오.

"나는 이것을 원한다. 반드시 가지고 말 것이다! 이것은 나의 권리요 유산이므로 나는 이것을 요구한다!"

우리가 삶의 축복과 법칙들을 찾지 않는다면 우리는 결코 발견하지 못할 것입니다. 하나님의 꿈을 점검해 보십시오. 자신의 형상대로 창조했던 사람을 향한 하나님의 아이디어는 무엇이었을까요?

비신자가 좋은 인생을 추구하는 것은 옳고, 신자가 물질적인 성공을 이루는 것은 잘못된 것입니까? 새가 나는 것이나 물고기가 수영하는 것이 잘못된 것입니까?

긍정적인 욕망의 힘은 당신이 누구이며, 하나님은 당신을 어떻게 생각하고 계시며, 하나님께서 당신을 위해 공급해 주신 것은 무엇이며, 당신의 삶을 위해 계획해 놓으신 것이 무엇인지에 대한 지식과 인식으로부터 나옵니다.

제 5 장

자유롭게 생각하기

가진 사람은 더 가지게 되고 없는 사람은 여전히 없이 사는 것은 무슨 법 때문일까요? 인생이 원래 그런 것일까요? 이것이 바로 운명이요 숙명이란 말입니까?

이 세상의 모든 자원은 정부에 의해 평등하게 분배되어야 합니까?

많은 사람들은 예수님께서 이상한 말씀을 하셨다고 생각합니다.

무릇 있는 자는 받아 넉넉하게 되되 없는 자는 그 있는 것도 빼앗기리라 그러므로 내가 그들에게 비유로 말하는 것은 그들이 보아도 보지 못하며 들어도 듣지 못하며 깨닫지 못함이니라(마 13:12-13).

강한 의지라는 선물

로버트 콜리어Robert Collier는 이에 대해 강력한 말을 했습니다.

사람의 욕망과 의지에 관해서 말하면서 사람들은 자신에게 주어진 것을 받아들이고 대개 만족한다고 그는 설명했습니다. 그러나 그는 "이것은 자연의 방법은 아니다."라고 했습니다. 우리가 삶에서 정말 원하는 것을 얻기 위하여 노력하는 의지라는 선물과 강한 욕망을 향한 능력이 우리 모두에게 주어졌다고 그는 말했습니다.

이어서 그는 자연의 법칙(혹은 하나님의 시스템)에 관하여 이렇게 말했습니다. "많은 사람들이 이 법칙을 사용하지만 소수만이 삶에서 좋은 것을 소유하게 되고 말 것입니다. 그러므로 일어서서 담대하게 두려워하지 말고 이렇게 크게 외치십시오. '나는 이것을 원합니다. 나는 이것을 가질 것입니다! 이것은 내게 주어진 유산이므로 나는 이것을 요구합니다!'"

우리는 인생에서 더 좋은 것을 원하도록 스스로를 허락해야 합니까? 얼마나 원해야 합니까? 무엇을 원해야 합니까? 왜 원해야 합니까? 원하는 것이 맞다면, 언제 욕망이 정욕, 부러움, 탐욕, 탐심이 될까요?

위대한 그리스도인 신사였던 보스워쓰F. F. Bosworth는 수년 전에 내게 이렇게 말했습니다. "언제나 하나님이 원하시는 것을 원하십시오. 그리고 하나님과 똑같은 이유로 그것을 원하십시오. 그러면 당신이 원하는 것을 이루도록 하나님의 성령님께서 당신과 함께 하실 것입니다."

살기 시작하십시오

우리가 하나님이 만드신 피조물이라는 것을 인정하고 하나님께서 원래 꿈꾸셨던 대로 그분이 우리 안에서 사시도록 허락한다면, 우리의 욕망은 우리 안에서 우리를 통해 표현된 그분의 욕망이 될 것입니다.

하나님의 욕망을 함께 나누어 가지기 위해서 우리는 먼저 그분이 무엇을 원하시는지를 발견하려고 찾아야 합니다.

호세아는 내 백성이 지식이 없으므로 망한다고 했습니다(호 4:6). 솔로몬은 이렇게 말했습니다. "어리석음을 버리고 살기 시작하라(잠 9:6, LB). 내가 상식을 보여 주리라. 내게는 너를 위한 중요한 정보가 있단다. [지식]을 찾으려고 애써라. 그러면 하나님께서 나누어 주시는 끝없는 부와 명예와 공의와 의로움을 발견하게 될 것이다"(잠 8:4-7, 17-18, LB).

우리를 향한 하나님의 아이디어는 성공에 대한 하나님의 법에 우리의 귀를 기울이는 것이며, 우리의 눈으로 하나님이 일하시는 것을 관찰하는 것이며, 누구든지 가질 수 있는 성취에 대한 비밀들을 우리가 배우는 것입니다.

운명에 굴복하지 말고 고급이 되기로 서원하라

힌두교 거지는 똑같은 빈민가나 길가나 시장 입구에서 죽을 때까지 똑같이 소리치며 노래를 부르며 구걸합니다. 그들은 구걸하기 위해 태어났으며, 가장 나쁜 죄는 무엇이든지 더 좋은 것을 감히 원하는 것이라는 것과 그들의 운명을 결정한 신들을 믿습니다. 그들은 그들을 에워싸고 있는 풍성한 세상 한가운데서 공허함과 수치와 무익함 가운데 신음하며, 기어 다니며, 부르짖으며, 소리치며, 죽어가고 있습니다.

어떤 사람도 비천하거나, 아무것도 생산하지 못하거나, 가난과 수치 가운데 살도록 태어나지 않았습니다.

그러나 우리는 찾아야만 합니다. 우리는 보고, 찾고, 관찰하고, 배워서 발견해야 합니다.

예수님은 말씀하셨습니다. 구하라, 찾으라, 문을 두드리라(마 7:7).

삶의 축복과 삶의 법칙들을 우리가 찾지 않는다면 우리는 결코 발견할 수 없을 것입니다.

예수님께서는 없는 자들이 가지고 있는 것마저 잃어버리는 이유는 그들이 들어도 깨닫지 못하며 쳐다보아도 보지 못하기 때문이라고 말씀하셨습니다!(마 13:14).

우리가 찾는 하나님의 법칙들과 좋은 인생을 이해하기 위해서는 종교적인 편견이나 고집, 바리새인과 같이 포기하지 않고 붙들고 있는 것들과 경건한 위협과 같은 것으로 우리의 마음이 방해를 받지 않아야 합니다.

행복하게 오래 사는 삶

우리는 기꺼이 자유롭게 생각해야 합니다. 솔로몬은 지혜로워지도록 배우고, 좋은 판단과 상식을 발전시키라고 사람들을 촉구했습니다! 그는 이것을 더 이상 강조할 수 없다고 덧붙여 당부했습니다(잠 4:5).

그는 이어서 이렇게 말했습니다.

너희는 오래 행복하게 살 것이다. 지혜가 너희를 위대한 명예로 인도하고, 네 머리에 아름다운 면류관을 씌워줄 것이다. 지혜는 존재하는 가장 지혜로운 삶 즉 진짜 삶으로 너희를 인도할 것이다(잠 4:4-13).

이것은 정말 대단하고 매력적인 인생입니다.

> 오래도록 행복하게 사는 것.
> 위대한 명예…… 아름다운 면류관.
> 오래도록 행복하게 사는 것.
> 존재하는 가장 지혜로운 삶.
> 진짜 인생.

당신도 이런 것들을 감히 원합니까?

당신은 이런 축복들이 없이 존재하려고 태어났습니까?

당신이 이렇게 살 가능성은 별로 없습니까?

당신의 삶의 상태를 결정하는 것은 운명입니까?

제 6 장

빈곤 혹은 부요함

 모든 사람들이 하나님의 법칙을 사용하고, 스스로 훈련하여 최선의 삶을 추구한다면, "특혜를 받은" 소수의 사람들만이 좋은 인생을 독점하는 일은 없어질 것입니다. 소위 "혜택을 받지 못한" 대부분의 사람들은 하나님의 원칙들에 의해 변화될 것이며, 많은 사람들이 성공적인 삶을 함께 하게 될 것입니다.
 종교는 "조심하십시오! 물질적인 풍요로움은 심지어 충분한 정도만 되어도 사람들을 타락하게 하고 망칩니다."라고 말합니다.
 그리스도인에 대한 이런 모욕적인 공격은 암흑시대 동안에 생겼습니다.
 초창기 기독교에 대한 편견 없는 연구는 하나님의 풍성한 라이프 스타일을 위한 긍정적인 믿음으로 사는 것을 나타내고 있습니다.
 그들은 번영하였으며 너그럽게 나누어 주었습니다.

가난을 거룩하게 여기는 교리들

콘스탄틴이 그리스도를 받아들인 것은 기독교를 잘 나가게 만들었습니다. 이때를 기점으로 사업과 과학과 교육과 종교를 통제하는 하나의 지배적인 교회 계급 구조가 발전하였습니다. 빈틈없이 짜여 진 성직자라는 지도자들이 공공의 부를 마음대로 주물러 마침내 종교적 시스템이 재정적인 것을 독점적으로 통제하게 되었고, 백성들은 세금과 부담금으로 인해 극빈층으로 전락하게 되었습니다.

군중들은 종으로 살면서 들떠 있었으며 더 좋은 삶에 대한 요구를 주장하게 되었습니다. 이 때 교회 계급 구조의 재정 전문가들은 신부들과 결탁하여 가난이 거룩한 삶이라고 가르침으로써 농민들을 달래려고 하였습니다.

하나님을 거론하면서 그들은 사람들이 성경을 읽지 못하도록 세뇌를 하였습니다. 그들의 잘못된 주장들은 이런 것들이었습니다.

* 물질적으로 가난해야 영적으로 겸손해 진다.
* 형통한 삶이나 좋은 인생은 사람을 교만하고 오만하게 하여 죄를 짓게 한다.
* 보통 사람들은 부가 지니고 있는 잠재적인 악성에 오염되지 않고서는 물질적인 부를 다룰 자격이 없다.

오늘 날까지도 중세 때부터 전해 내려온 많은 교회의 교리들이 여전히 가난을 거룩하게 여기며 형통한 것을 부끄럽게 여기도록 하는 사상을 확산시키고 있습니다.

악용된 돈에 대한 사랑을 단념시키려는 내용으로 성경을 가르침으로써 물질적인 증가는 교만을 낳아서 마침내 저주가 된다고 겁을 주는 정도로 왜곡시켜 버렸습니다.

무력화된 창조성

더 좋은 삶을 원하는 것은 "탐내는 것"이며, "육신의 정욕"이며, 금지된 열매에 대한 "부러움"이라고 사람들을 설득하여서 종교는 끊임없이 창조성을 무력화시켰습니다.

솔로몬이 말한 상식과 좋은 판단력이 없이 그저 "거룩한 것인 듯 여겨진" 열등의식 신드롬은, 만약 이런 편견으로부터 자유로웠더라면 평범함에서 벗어나 자신들의 꿈을 실현할 "더 좋은 삶에 대한 욕망"을 가지고 있는 수많은 사람들의 삶을 제한하게 될 것입니다.

당신을 향한 하나님의 아이디어를 찾으십시오. 생각하는 사람이 되십시오. 하나님의 꿈을 다시 점검해 보십시오. 자신의 형상을 따라 그분이 창조하신 사람에 대한 그분의 아이디어는 무엇이었을까요?

사탄이 하나님의 말씀을 의심하고 하나님께 불순종하게 하여 아담과 하와를 유혹한 뒤에는 하나님 수준에서의 삶을 위한 기초는 더 이상 없었습니다. 그러나 하나님께서 그분의 사람들을 위한 프로젝트를 포기하셨을까요? 당신을 종살이로부터 값주고 되사기 위해 그분이 치른 계산할 수 없는 값은 어떻게 생각하십니까?

좋은 인생을 위해 창조됨

당신을 그분께로 회복시키기 위해 왜 하나님은 그렇게 많은 값을 지불하셨을까요?

대답은 당연히 이래야 되겠지요. 하나님은 당신이 그런 값어치가 있다고 생각하시기 때문입니다.

하나님께서 당신을 그렇게 가치있게 생각하신다면 당신을 둘러싸고 있는 하나님의 창조의 풍성함은 바로 당신 때문이 아니겠습니까? 그렇지 않다면 도대체 누구를 위해 창조되었겠습니까?

불신자들이 하나님의 성공 법칙을 적용하여 그들의 목표를 달성함으로 좋은 인생을 사는 것이 옳은 일입니까?

하나님에 대한 믿음을 가진 어떤 사람이 물질적으로 복을 받는 것은 잘못입니까?

하나님을 믿는 사람들은 가난하게 사는 것을 존경하고 하나님의 성공 법칙을 무시하며 자신들의 비참한 삶을 오히려 경건한 것처럼 여겨야 합니까? 이런 것은 '물질적으로 형통하게 살 자격이 없다고 여겨졌던unworthy' 농부들 위에 군림하던 교권주의 시대의 유물이 아닙니까?

새가 날고 물고기가 헤엄치는 것이 잘못입니까? 자연의 아름다움을 바라보며 당신의 눈이 즐거워하는 것이 잘못입니까? 좋은 인생을 원한다고 당신이 정죄받아야 마땅합니까?

당신에게 합당한 영역

　많은 종교적인 책들이 물질적인 복을 바라는 것은 죄라고 음모를 꾸밉니다.
　심리학 책들은 사람들을 감정적으로 정상 이하의 카테고리로 분류해 버림으로써 오히려 문제를 더욱 복잡하게 만듭니다.
　그리하여 사람들은 자신들 안으로 위축되어서 미천함과 외로움과 우울함과 혼란 속에서 죽어갑니다.
　그들의 천사의 날개를 풀어놓기만 한다면 그들은 높이 날아올라서 자신들을 하나님의 창조물로 보고 이 땅의 풍성함을 자신들의 것이라고 여기게 될 것입니다.
　하나님은 아담과 하와에게 이렇게 말씀하셨습니다. "하나님이 이르시되 내가 온 지면의 씨 맺는 모든 채소와 씨 가진 열매 맺는 모든 나무를 너희에게 주노니 너희의 먹을 거리가 되리라 또 땅의 모든 짐승과 하늘의 모든 새와 생명이 있어 땅에 기는 모든 것에게는 내가 모든 푸른 풀을 먹을 거리로 주노라 하시니 그대로 되니라"(창 1:29-30).
　이어서 기록하기를 그 모든 것이 보기에 아름답고 먹기에 좋았다고 했습니다(창 2:9). 그것들은 금, 진주, 호마노 등이었으며(창 2:11-12) 숲, 강, 동산, 광물, 동물, 새, 물고기들이 모두 사람으로 하여금 즐기며 감탄하고 소유하고 사용하도록 만들어졌습니다.

아담과 하와는 이렇게 풍성한 하나님의 신뢰를 저버리고 하나님의 법에 불순종하여 마침내 좋은 삶에서 분리되었으며, 욕망의 긍정적인 힘은 탐심과 시기와 정욕의 부정적인 힘으로 변해 버렸습니다.

그러나 이제 하나님께서 우리를 너무나 사랑하셔서 그분의 아들을 주심으로 우리를 값을 치르고 되사셨습니다. 이제는 우리가 이 사랑의 선물을 받아들이고 예수 그리스도께서 우리 대신 심판을 받으시고 우리가 전혀 죄를 짓지 않은 것처럼 우리를 의롭게 하신다는 것을 믿기만 하면 우리는 하나님께로 관계가 회복되고 하나님은 우리 안에서 사시려고 돌아오시게 됩니다. 이 세상의 부와 아름다움과 풍성함은 다시 우리의 차지가 됩니다.

선택하고 이길 우리의 권리

하나님과 사람을 위하여 좋다고 믿는 것을 우리가 결정하고 선택하며 우리의 욕망을 따라 행동하는 우리의 자유는 우리의 인생의 성공을 위해 열려있는 문입니다. 잘못된 열정에 힘을 실어 주면 곧 우리 자신의 파멸을 촉진하게 됩니다.

우리는 종교적인 거리낌이 우리가 다스려야 하는 시기, 탐심,

정욕과 같은 변화되지 않은 열정을 악화시켜서 삶에 유익하고 유용한 가치에 대한 긍정적인 욕망의 힘을 꺾어버리도록 허용해서는 안 됩니다.

우리는 결코 우리의 욕망을 제한하거나 우리의 상상력을 억누르거나 우리의 믿음을 틀어막거나 우리의 열정을 질식시키거나 우리의 인내심을 풀어버리거나 우리의 열망을 질식시키거나 넘쳐나는 것을 소멸하거나 우리의 성취를 제한하거나 우리의 발전을 억압하지 말아야 합니다.

제 7 장

상식과 풍성함

모든 어린아기는 욕망을 가지고 태어납니다.

1. 모든 어린아기의 첫 소리는 아기의 욕망과 충동의 표현입니다.
2. 이 어린이들이 살아가면서 그들의 손을 얻어맞게 됩니다. 혼란과 두려움과 불안감이 커집니다.
3. 그들이 자라면서 종교는 그들의 태도를 죄책감, 수치심, 자존감의 상실 같은 것으로 오염시킵니다.
4. 그들의 욕망에 대한 정죄로 낙심하게 되어 그들은 억제되고 위축됩니다.
5. 하나님께서 "안된다!"고 하신다고 확신하게 됨으로 그들은 평범함에 안주하고 재미를 잃어버립니다. 불빛은 꺼집니다. 그들은 낙심한 마음에 이렇게 질문합니다. 삶의 기쁨은 어디에 있나?

이것은 당신을 향한 하나님의 아이디어가 아닙니다.

모든 사람이 가족입니다

예수님은 사람을 하나님께로 끌어 올리는 대담하고 새로운 메시지를 가지고 오셨습니다. 예수님은 인류에게 새로운 희망을 가져오고 하나님과 사람을 아버지와 그분의 가족이라고 말씀하셨습니다.

그분은 사람들에게 하나님에 대한 믿음을 가지라고 촉구하셨습니다(막 11:23).

그분은 그들에게 겁먹지 말고 이방인들처럼 구걸하지 말고 다른 신들이 그들을 대했던 것처럼 열등의식을 용납하지 말고 자신을 일깨워 머리를 들고 구하고, 찾고, 문을 두드려 받도록 하나님의 풍성함과 능력을 둘러보라고 가르치셨습니다(마 7:7-8). 그분은 그들에게 욕망의 긍정적인 힘을 가르치고 계셨습니다.

그분의 상식을 분명히 하려고 그분은 이렇게 설명하셨습니다.

"너희 중에 누가 아들이 떡을 달라 하는데 돌을 주며 생선을 달라 하는데 뱀을 줄 사람이 있겠느냐 너희가 악한 자라도 좋은 것으로 자식에게 줄 줄 알거든 하물며 하늘에 계신 너희 아버지께서 구하는 자에게 좋은 것으로 주시지 않겠느냐"(마 7:9-11)

하나님께서 나와 당신을 위해서 이 땅에 풍성한 좋은 것들을 창조하셨다는 것을 이해하는 것은 이치에도 맞습니다. 하나님은 풍성한 좋은 것을 구하고 찾고 요구하는 욕망과 본능을 가진 존재로 우리를 창조하셨습니다.

가장 좋은 것을 원하십시오

예수 그리스도는 좋은 아이디어를 가지고 오셨습니다.

그분은 땅 위에서 하나님의 뜻을 보여주고 행하시려고 오셨습니다.

그분은 그분의 아버지께서 사람들을 보시듯이 보셨습니다. 그분은 사람들을 믿고 사람들을 높혀 주셨습니다. 그분은 그들을 용서하시고 그들에게 자존감을 심어 주셨습니다.

그분은 창녀를 숙녀로, 나병환자를 건강한 마을의 모범 시민으로, 벌거벗은 미친 사람을 신사로 변화시키셨습니다.

그분은 좋은 것들은 사람들을 위한 것이라고 말씀하셨습니다.

그분은 좋은 소식을 가르치셨습니다.

마음대로 가장 좋은 것을 바라십시오. 당신을 위한 것이기 때문입니다.

긍정적인 욕망의 힘은 이런 의지들을 북돋아 줍니다.

얻으려는 의지 Your will to get,
결단하는 의지 Your will to decide,
비용을 치르려는 의지 Your will to count the cost,
위험을 감수하려는 의지 Your will to take the risk,
견뎌내려는 의지 Your will to persevere,
실패해도 시도하려는 의지 Your will to try and to fail,
실패의 값을 치르려는 의지 Your will to pay for your failure,
다시 시작하려는 의지 Your will to start again,

책임을 감수하려는 의지 Your will to bear responsibility,
포기하지 않으려는 의지 Your will to not quit,
성공하려는 의지 Your will to succeed,
함께 나누려는 의지 Your will to share,
당신의 세계를 높이려는 의지 Your will to lift your world.

긍정적인 욕망의 힘은 좋은 것입니다.

당신이 누구이며, 하나님은 당신을 어떻게 생각하고 계시는지, 하나님은 당신을 위해 무엇을 준비해 놓으셨는지, 당신의 삶을 위해 어떤 계획을 가지고 계신지를 아는 지식과 그것을 의식하는 것으로부터 이런 힘이 나옵니다.

믿음은 하나님의 말씀을 들을 때 생깁니다(롬 10:17).

기도는 하나님께 당신의 욕망을 표현하는 것입니다.

지식에 근거한 행동은 당신의 욕망을 이루는 방법에 연결되게 합니다. 이렇게 함으로 당신이 되고 싶어 하고, 소유하고 싶어 하고, 하나님과 당신과 사람들에게 좋은 것은 무엇이든지 하고 싶어 하는 당신의 권리를 주장하는 것입니다.

제 8 장

찾아서 발견하십시오

예수님은 무한한 라이프스타일을 발표하셨습니다.

그분이 말씀하시거나 행하신 것은 거의 모두 종교 제도가 주장하던 것과는 반대되는 것이었습니다. **좋은** 소식이란 아이디어는 그 자체가 그들이 가지고 있는 분파주의적이고 인색한 삶의 관점에 대한 모욕이었습니다.

예수님은 하나님의 나라는 너희 안에 있다고 하셨습니다(눅 17:21).

그분은 사람을 중요하게 여기셨습니다.

너희가 원하는 것은 무엇이든지 가질 수 있다(막 11:24)고 그분은 가르쳤습니다.

아무것도 없이 우리는 만족할 수 있다는 아이디어는 어디서 왔을까요?

가장 위대한 교사

이방인들(참 하나님에 대한 믿음이 없는 사람들)은 무엇을 먹고 마시고 입을 수 있는지 끊임없이 찾고 구하고 있다고 예수님은 설명하셨습니다. 이 말은 그들은 결코 충분히 가질 수 없는 삶의 기본적인 것들을 마련하기 위하여 늘 애쓰고 있다는 의미입니다.

그러나 하나님을 믿는 그분의 자녀들에게는 너희 아버지께서 너희에게 이 모든 것들이 필요하다는 것을 알고 계신다고 그분은 말씀하셨습니다(마 6:32). 다른 말로 하면, 사는 데 필요한 이 모든 좋은 것들은 하나님을 믿고 그분을 섬기는 사람들을 위하여 창조되어 여기 있다는 말입니다. 하나님의 계획을 이해하게 되면 여러분은 어떤 부족함도 없을 것입니다(시 34:10).

다윗은 이렇게 썼습니다. 주님은 나의 목자시니 내게는 아무 부족함도 없을 것입니다(시 23:1).

사도 바울은 여러분이 아무 부족함이 없기를 바랐습니다(살전 4:12).

하나님의 왕국을 원하고 발견하십시오

예수님은 너희는 하나님의 왕국과 그분의 의를 먼저 구하여라, 그러면 이 모든 것들은 네게 더하여질 것이라고 가르치셨습니다(마 6:33).

이 모든 것들이란 당신이 먹고 마시고 입고 사용하고 즐길 수 있는 모든 것을 말하며, 이생에서의 당신의 것입니다. 어떤 조건에서 일까요?

(1) 하나님의 왕국이 당신 안에 있으며, (2) 당신 안에 하나님의 의가 있다는 것을 당신이 이해할 때까지 찾고 구하라고 예수님은 말씀하셨습니다. 다른 말로 하면 (1) 하나님의 가족의 영역과 (2) 그 안에서 당신이 차지하는 바른 위치입니다.

하나님의 나라는 너희 안에 있다(눅 17:21)는 말은 하나님의 영역, 혹은 통치하시는 곳, 혹은 행동이나 거처의 중심, 혹은 라이프스타일이 당신 안에 본부를 두고 있는 것입니다.

가. 하나님은 이 세상을 창조하셨습니다.
나. 하나님은 이 세상을 소유하고 계십니다.
다. 하나님은 이 세상을 다스릴 권리를 가지고 계십니다.
라. 하나님은 당신과 나 같은 사람을 통해서 이 세상을 다스리기를 원하십니다.
마. 이것이 땅 위의 하나님의 왕국입니다.

창세기는 하나님께서 이 세상과 그 안에 있는 모든 것을 창조하셨다고 설명하고 있습니다. 그리고 나서 하나님께서는 자신의 형상 곧 자신과 같이 남자와 여자를 만드시고, 그들로 생육하고 번성하여 자신과 같은 종자를 재생산하여 땅을 가득 채움으로 피조물들을 다스리도록 여기에 두셨습니다. 하나님은 그들에게 내가 그것을 너희에게 주었다고 말씀하셨습니다(창 1:27-31).

그들은 건강하고 행복하며 성공하고, 이 꿈을 성취하기 위해서 이 땅 위의 모든 좋은 것들을 사용하도록 창조주의 권세를 가졌었습니다.

하나님의 수준

하나님은 동산에 오셔서 아담과 하와와 이야기하셨습니다. 그들은 친구요 동역자였습니다.

다윗은 하나님께서 사람을 하나님 자신보다 조금만 낮게 창조하셨다고 말했습니다(시 8:5). 흠정역은 천사들보다 조금 낮게라고 번역했지만, 히브리어 단어는 엘로힘 즉 하나님입니다. "그를 하나님보다 조금 못하게 하시고 영화와 존귀로 관을 씌우셨나이다 주의 손으로 만드신 것을 다스리게 하시고 만물을 그의 발 아래 두셨으니"(시 8:5-6).

하나님은 자신의 영역을 함께 공유하려고 사람을 창조하셨습니다. 이것이 바로 사람 가운데 있는 하나님의 왕국입니다.

하나님의 계획은 상호 신뢰에 근거한 것이었습니다. 하나님의 말씀은 아담과 하와에게 하나님의 보증이었으며 그들의 말은 하나님께 보증이었습니다.

하나님의 원수인 사탄은 하나님이 창조하신 사람에게 하나님의 다스림을 공유하도록 한 하나님의 계획을 시기하였습니다.

이것이 사탄이 부러워한 자리였습니다. 한 천사로서 그는 하나님과 똑같아지기 원했습니다(사 14:12-14).

그래서 사탄은 아담과 하와에게 다가와서 권세 있는 체하며 그들을 속였습니다.

그들은 하나님이 말씀하신 것보다(창 2:17) 사탄의 거짓말을 믿고(창 3:4), 그들이 택한 주인인 사탄을 추종하는 종으로 굴복했습니다.

어떻게 그들은 이 자리를 되찾을 수 있을까요?

그들은 할 수 없었습니다. 그들은 죄를 지었습니다. 죄는 사망을 낳는다고 하나님의 법은 선언했습니다(겔 18:4,20, 롬 6:23). 그들의 죄는 이후의 모든 세대들을 오염시켰습니다.

"그러므로 한 사람으로 말미암아 죄가 세상에 들어오고 죄로 말미암아 사망이 들어왔나니 이와 같이 모든 사람이 죄를 지었으므로 사망이 모든 사람에게 이르렀느니라"(롬 5:12).

사랑이 가진 아이디어

그러나 하나님은 사랑입니다(요일 4:8). 하나님의 사랑은 너무나 커서 우리 모두가 죄로 죽게 버려두지 않으셨습니다. 그분은 죽는 사람들의 죽음을 기뻐하지 않는다고 말씀하셨습니다(겔 18:23,32, 벧후 3:9).

사랑은 한 아이디어를 가졌습니다. 우리의 이름으로 우리의 죄와 우리의 벌을 받은 완전한 죄 없는 대속물을 제공함으로써 값을 치르고 우리를 되사는 것이었습니다.

예수 그리스도는 기꺼이 우리의 죗값을 감당함으로 우리가 하나님께로 회복되어 이전에 죄를 지은 적이 없는 것처럼 하나님 앞에 의롭도록 할 수 있었습니다(요 3:16, 롬 5:6,8).

"친히 나무에 달려 그 몸으로 우리 죄를 담당하셨으니 이는 우리로 죄에 대하여 죽고 의에 대하여 살게 하려 하심이라 그가 채찍에 맞음으로 너희는 나음을 얻었나니"(벧전 2:24).

예수님께서 우리가 받을 심판을 받으신 후, 하나님께서 그를 죽음에서 일으키셨습니다(행 2:32, 3:15). 그리고 나서 예수님은 그의 제자들에게 그리스도께서 사람들을 위해 무슨 일을 하셨는지 세상의 모든 사람들에게 말하라고 보내셨습니다(막 16:15). 이 기쁜 소식을 믿는 각 사람은 하나님으로부터 다시 태어나게 될 것이라고 약속하셨습니다. 그들은 다시 하나님의 가족이 될 것입니다(요 1:12, 고후 5:17, 요 3:16,36, 요일 5:12).

어떤 죄도 두 번 처벌을 받거나 어떤 빚도 두 번 갚을 수 없듯이 우리는 하나님 앞에서 더 이상 죄가 없으므로, 우리는 우리의 과거의 죄로 인하여 결코 정죄나 심판을 받을 수 없습니다(요 5:24, 롬 8:1). 이제 그리스도의 의가 우리의 장부에 올려졌습니다(고후 5:21). 우리를 대적하는 어떤 정죄도, 어떤 죄도, 어떤 심판도, 어떤 무서운 벌도 없습니다.

우리는 의롭게 되었습니다. 이는 마치 전에 전혀 죄를 짓지 않은 것과 같습니다. 우리는 하나님의 사랑의 기적이 우리에게 주신 하나님의 생명으로 다시 살게 되었습니다(롬 6:4, 갈 2:20).

우리는 단지 예수 그리스도께서 우리의 자리에서 우리의 심판을 받으셨다는 것을 믿기만 하면 됩니다.

이제 하나님은 우리의 집으로 돌아오시고, 우리는 하나님의 집으로 다시 돌아갈 수 있게 되었습니다. 그분의 성령님이 우리 안에 살 수 있습니다. 우리는 거듭날 수 있습니다. 그분의 생명이 다시 우리의 생명이 될 수 있습니다. 이것이 우리 안에 있는 하나님의 왕국입니다.

예수님은 이렇게 말씀하셨습니다. 먼저 하나님의 왕국을 구하라(마 6:33). 이 관계를 먼저 구하여라.

하나님의 의를 원하고 발견하십시오

이 모든 것들을 너희에게 더하여 주시도록 당신이 두 번째로 구해야 할 원칙은 하나님의 의입니다(마 6:33).

의는 무슨 뜻이지요?

의는 죄의식이나 열등감이나 정죄감 없이 하나님의 임재 안에 설 수 있는 능력입니다.

예수 그리스도께서 어떻게 우리의 빚을 갚으시고 우리의 죄를 가져가시며 우리의 죄를 담당하시고 우리의 벌로 고통받으시고 우리의 이름으로 우리 대신 죽으심으로, 우리의 삶에 어떤 죄도 없었던 것처럼 죗값이 지불되었고 하나님과의 관계가 회복되었으며, 하나님 앞에 의롭게 되었는지를 이해할 때만 가능한 것입니다.

하나님은 이렇게 말씀하고 있습니다. 네가 (1) 나와 내가 다스리는 영역을 찾고 이해한다면, (2) 너와 나의 영역 안에서 너의 바른 위치를 찾고 이해한다면, 너희 삶은 이 모든 것들을 네게 더하여 주겠다고 한 삶, 즉 내가 원래부터 너를 위해 꿈꾸었던 삶과 같이 될 것이다(마 6:33).

그분은 이렇게 말씀하고 있습니다. "너희가 풍성한 삶을 살며, 다른 사람들이 이 삶을 발견할 수 있도록 도와주는 나의 꿈을 이루고, 이 땅에서 다스리는 삶이 너희를 위한 나의 뜻이란다."

제 9 장
우리를 신뢰하시는 하나님

　이 세상에서 하나님의 풍성함은 결코 몇 사람만이 독점하게 하려는 것이 아니었습니다. 이 풍성함은 하나님의 백성들이 자신들, 다른 사람들, 그리고 하나님의 유익과 영광을 위해서 즐기고 사용하도록 창조된 것이었습니다.

　그러나 이 우주의 일부가 되도록 하나님이 만드신 법칙들이 있습니다. 이 법칙을 적용하는 사람들은 성취하는 자와 소유하는 자가 될 수 있습니다.

　이 법칙들을 찾아 발견한 비신자들도 자기들에게 적용하여 인생의 승리자가 될 수 있습니다.

　반면에 이 법칙들을 찾아 발견하지도 않고 자신의 삶에 적용하지도 않은 사람들은 육체적으로나 물질적으로 실패자의 삶을 살고 있습니다.

　하나님의 계획은 그분의 자녀들이 이 세상을 움직이며 그 보물들을 소유하며 그 부를 독점하며 즐기고 사용하는 것입니다.

그렇지만 그분은 그렇기 위해 선포한 법들이 있습니다. 신자든 비신자든 막론하고 누구든지 이 법들을 발견한다면 그들은 풍성한 수확을 거두게 될 것입니다.

예수님은 이렇게 말씀하셨습니다. "이같이 한즉 하늘에 계신 너희 아버지의 아들이 되리니 이는 하나님이 그 해를 악인과 선인에게 비추시며 비를 의로운 자와 불의한 자에게 내려주심이라"(마 5:45).

이기는 원리

훈련되어 있지 않고 사업 원리들을 적용하는 데 게으른 신자는 "영성spirituality"에 관계 없이 형통하지 못할 것입니다. 그가 여자든 남자든 물질적 기적을 위해 기도해도 아무것도 얻지 못할 것입니다.

반면 날카롭고 결단력이 있으며 사업의 원리들에 있어서 부지런하다면, 비신자일지라도 하나님의 성공 법칙을 따라 행동할 때 큰 기업을 일으켜 세울 것입니다.

밭을 갈고 씨앗을 심지 않는 신자는 그가 "영적이며" 기적의 수확을 위해 기도할지라도 가난하게 될 것입니다. 밭을 갈고 씨앗을 심는 비신자는 풍성한 수확을 거두게 될 것입니다.

하나님은 우리가 하나님의 성공 법칙들을 발견하도록 하고,

그분 가족의 일원으로서 우리를 훈련하여, 그분의 세상에 우리가 물질적으로 제국을 건설하는 자가 되도록 우리를 신뢰하셨습니다.

제 10 장
긍정적인 욕망의 일곱 가지 기본

　당신의 욕망의 왕국으로 당신을 이끌어 줄 발걸음들이 여기 있습니다.

　첫째 : 더 좋은 삶을 향한 비전이 당신으로 하여금 하나님의 아이디어들에 관하여 찾고, 종교적인 터부들을 재고하며, 이 땅의 부는 무엇을 위해 여기 있고 누구에게 맡겨졌는지를 재평가해보고, 누구든지 원하는 것은 무엇이든지 가질 수 있도록 도와주는 하나님의 법칙들을 발견하도록 동기를 부여해 줍니다.

　둘째 : 하나님의 풍성한 좋으심에 대하여 충분히 배움으로써 삶에서 하나님의 좋은 것들을 감히 감탄하게 되기 바랍니다.

　셋째 : 무한한 자원들인 하나님의 부에 관해 생각하여 마침내 하나님의 영광과 인류의 선을 위해 좋은 삶을 당신이 갈망하게 되기 바랍니다.

넷째 : 자유와 부의 영역의 하나님의 법을 들여다봄으로써 그 가치를 확신하게 되어, 그분의 왕국이 사람들 가운데 세력을 얻도록 그분의 좋은 것들을 구하기로 결단하게 되기 바랍니다.

다섯째 : 하나님의 좋은 인생을 원하기로 결단함으로써 필요하다면 삶에서 새로운 목표를 성취하고 새로운 것을 추구하기 위해 땀을 흘리게 되기 바랍니다.

여섯째 : 당신은 왕족으로 태어났으므로 하나님의 가장 좋은 것이 당신의 것이라고 확신하게 되어 그것을 더 이상 기다리지 않고 찾아 나서며, 그것이 당신의 권리 안에 있는 것이므로 소유하고 습득하는 것입니다.

일곱째 : 당신의 삶에 나타난 하나님의 선하심의 그 풍성함을 이용하여 그 넘쳐흐르는 것으로써 당신 주변의 세계를 높여주고, 발전시키며, 축복하도록 영감을 주는 것입니다.

이 욕망의 긍정적인 힘의 일곱 가지 원리들은 하나님의 법입니다. 이 법들은 훈련되고, 결단하고, 헌신되며, 실천할 만큼 부지런한 사람들이면 누구에게나 역사할 것입니다.

제 11 장

우리는 하나님의 꿈을 가지고 있습니다

왜 비신자 철학자들이 하나님께서 이 우주를 위해 선언하신 성공의 비밀들을 발견하여 세상에 알려야 합니까?

신자들이 좋은 인생을 정죄하고 가난을 미화하는 한 하나님의 사람들은 하나님께서 우리에게 소유하라고 맡기신 이 땅 위에서 다스릴 수 없을 것입니다.

하나님께서는 자신의 꿈을 우리에게 맡기셨습니다. 우리의 운명인 승리자가 되는 것은 우리에게 달렸습니다. 우리 안에 있는 그분의 생명은 우리의 성공의 힘과 근원이 될 것이지만, 우리가 우리의 권리를 찾아 알고 물질적인 영역에서 우리의 믿음을 행동으로 옮길 때까지는 우리 안에서 풀려나지 않을 것입니다.

객관성, 목표 설정, 결단력, 헌신, 견뎌냄, 긍정적인 태도, 성공, 승리, 영향력과 성장의 문제들은 거의 언제나 신학자들과 성경 교사들에 의해 "영적인" 의미에서만 다루어지고 있습니다.

신자들이 물질적인 성공을 이루는 데 도움이 되는 성경에 근거한 실제적인 가르침은 교회에서 거의 주어지지 않습니다.

하나님의 본부는 우리 집에 있습니다

이런 진취적인 사람들은 육신적이거나 "영적" 성장에 위협이 된다고 여겨집니다.

소위 성경을 믿는 신자들은 그들의 "영적인" 전투에 흔히 집중하고 있으면서, 물질적인 성공을 위한 실제적인 법칙의 적용에 대해서는 "인본주의"라고 딱지를 붙여 버립니다.

예수 그리스도께서 어떤 사람의 삶에 주님이 되시면 그 사람은 하나님의 가족, 신적인 왕가, 하나님의 왕국 혹은 통치 영역의 구성원이며, 그분의 권세와 행동의 근거는 이제 그 사람 안에 본부를 둔 것입니다.

하나님과 사람이 하나가 되었을 때는 단지 영적인 복에 관하여 함께 앉아서 이야기하는 것이 목적이 아닙니다.

하나님은 아담과 하와를 만드셨던 원래 그 자리로 우리를 회복시키셨습니다. 우리는 예수 그리스도 안에서 믿음으로 의롭게 되었습니다(롬 5:1). 이는 마치 우리가 전혀 죄를 짓지 않은 것과 같습니다. 이제 우리는 그분의 대사들입니다. 이제 우리는 땅을 정복하고 가득 채워야 합니다. 우리는 땅을 다스려야 합니다 (창 1:28).

하나님의 대를 잇기

하나님의 꿈을 이루기 위해 하나님을 믿는 사람들은 그들에게 맡겨진 부를 통제해야 합니다. 우리가 성공의 법칙들을 "영적으로 만들기"를 중단하고 상식적인 법칙들을 "인본주의"라고 미신적인 딱지를 붙이지 않는다면 우리는 그렇게 할 수 있습니다.

신자들이 이 세상의 거대한 기업들을 건축하도록 하십시오.

신자들이 선거에 이겨서 국가를 책임지는 지도자가 되도록 하십시오.

신자들이 세상의 가장 위대한 사상가가 되게 하십시오.

신자들이 성취를 위한 성공의 법칙들을 발견하고 발전시키고 퍼뜨리게 하십시오.

신자들이 산업계나 사업에서의 성공을 가르치는 유명한 강사가 되게 하십시오.

신자들이 이 세상의 부를 통제하게 하십시오.

신자들이 이 세상의 여객항공 산업과 수출입 회사와 물류를 독점적으로 소유하여 경영하도록 하십시오.

신자들이 이 세상의 사업계의 거물들이 되게 하십시오.

신자들이 금세기의 거대 산업과 석유 산업의 주도자들이 되게 하십시오.

신자들이 사회의 예술가, 시인, 판사, 변호사, 주지사와 시장들이 되게 하십시오.

신자들이 우리 아버지께서 창조하시고 우리에게 쓰라고 맡겨 주신 부를 이용하여 예수 그리스도의 복음을 우리의 세상에 가르치고 퍼뜨리고 선포하도록 하게 하십시오.

제 12 장

성공은 하나님의 아이디어입니다

　나폴레옹 힐, 데일 카네기, 클레멘트 스톤, 랄프 월도 에머슨, 오리슨 스왯 마든, 제임스 알렌이나 수많은 유능한 저자들만이 성공의 원리를 찾고 발견하여 퍼뜨리는 자가 되어야 하는 이유가 무엇일까요?

　그들이 쓴 모든 진정한 성공의 원리는 위대한 성경의 인물들인 모세, 아브라함, 여호수아, 에스라, 느헤미야, 다윗, 솔로몬, 우리 주 예수 그리스도, 사도 바울, 야고보, 요한과 같은 사람들의 가르침에 뿌리를 두고 있습니다.

　과거의 철학자들과 소위 현인들은 오늘날 사람들이 듣고 있는 하나님에 대한 믿음의 긍정적인 가르침에 깊이 노출되지 못했었습니다. 그들의 사고방식은 중세 교회 계급구조의 부정적인 신학에 너무나 감염되었기 때문에 그들은 성공의 원리들을 하나님 안에 있는 진정한 성경의 근원과 연결시키려는 동기가 전혀 없었습니다.

그럼에도 불구하고 대단한 철학적 사고를 하던 사람들은 산업화된 세계가 서양 문명에 꽃을 피우게 되자 부지런히 성공의 원리를 찾아서 사회를 위해 그것을 발견하고 알렸습니다.

적극적인 사고방식과 인간의 개발을 정죄하는 신학을 조심하고, 자신들의 글들이 낙인찍히는 것을 두려워하여 그들은 하나님을 감히 언급하지 않았습니다.

종교적인 사람들에게는 진보적인 것이 무신론적인 철학자들의 영향을 받는 잠재적으로 위험한 것으로 간주되었습니다.

이런 저자들은 하나님에 대한 언급을 감추기 위해서 "무한한 지성Infinite Intelligence", "마음의 마스터The Master Mind", "우주적인 힘The Cosmic Force"과 같은 이상한 용어를 사용하였습니다. 긍정적인 믿음에 관한 성경 가르침의 노출이 부족함과 그들이 당면한 편견들에도 불구하고, 그들은 수백만 명에게 성공을 가져다 준 원리의 핵심을 발견하고는 그들에게 가장 익숙한 용어를 사용해서 이 비밀들을 나누었습니다.

그들이 얻어온 그것을 마귀와 "인본주의"에서 나온 공식이라고 단순하게 비난하지 않고 신자들로 하여금 이 법칙들을 찾고, 이미 발견한 좋은 것을 끌어내어 종합하고 조직하고 요약하여 (비성경적인 것들은 삭제하거나 고쳐서) 출판하게 하였으며, 이 성공의 원칙들을 하나님의 성경의 공식과 연결시키고 가르치고 출판하여서 하나님을 믿는 신자들이 우리가 사는 세상의 사업과 산업을 주도하게 하였습니다.

하나님의 부는 모든 사람을 위한 것입니다

　하나님은 아무도 미신이란 감옥에 갇혀서 인생을 살기를 원하지 않으십니다. 그분은 대담하게 앞으로 나아가 좋은 인생을 추구하는 모든 신자에게 성공의 문을 열어 주십니다.

　하나님의 가족에 속한 사람은 어느 누구도 질병, 두려움, 무지, 가난, 외로움이나 보잘것없는 것이란 감옥에 살도록 되어 있지 않습니다.

　하나님의 풍성한 선하심은 많은 사람들의 것입니다. 많은 사람들이 자신을 훈련하고, 결단하고, 담대하고, 모험적이고, 믿음이 있고, 위험을 무릅쓰고, 단호하면 이런 풍성한 하나님의 선하심을 누릴 수 있으며 활용할 수 있게 됩니다. 목표를 높이 세우고, 성공의 원리들을 적용하고, 끝까지 인내하며, 결코 포기하지 않는 많은 사람들이 그들에게 맡겨진 세상의 물질 중에 자신들의 것을 소유하고 다스리게 됩니다.

제 2 부

감탄하십시오

　더 많이 원하는 것이 무엇이 잘못입니까? 왜 작은 하늘 한 조각에 만족합니까? 당신이 맞이하는 새 아침의 의미를 발견하지 말라고 어디에 쓰여 있습니까?

　당신이 오직 어두운 한 구석만 쳐다보게 되어 있다면 왜 당신의 눈은 그렇게 멀리 볼 수 있을까요?

　당신이 별에게 손을 뻗치지 않게 되어 있다면 왜 하늘은 그렇게 넓을까요?

　당신이 쳐다보도록 하지 않았다면 왜 무지개는 그렇게 아름다울까요?

　당신이 좋은 인생에 감탄한다고 그것이 탐심의 죄를 짓는 것일까요?

　당신이 자부심을 갖는다고 정죄를 받아야 할까요?

　당신은 아름답고, 좋고, 생산적인 것에 감탄하도록 태어났습니다. 하나님께서는 종교적인 편견이 금지하고 꿈꾸지 못하게 했던 것들 위로 당신이 솟아오르기를 원하십니다.

제 13 장

새로운 관점 – 더 좋은 인생

당신은 죄와 하나님, 전통과 진리, 정죄와 상식의 차이를 구별하여 좋은 인생을 알아보려고 눈여겨보고 귀를 기울이기를 그만두었습니다.

당신의 탐구는 아름다운 새로운 지평선을 향한 문을 열어 줍니다. 당신은 좋은 인생을 감탄하게 되었습니다. 당신은 가리개를 걷어 올리고, 족쇄를 풀어 버리고, 당신을 제어하던 벽들을 헐어 버렸습니다.

바바라 스트라이샌드Barbara Streisand의 강력한 영화 옌틀YENTL에서 그 머리 좋고 젊은 숙녀는 랍비 아버지의 종교적인 다스림 아래서 자라났습니다. 그녀는 여자이기 때문에 교육받는 것이 금지되었으며, 랍비들이 읽는 책들을 읽는 것도 금지되었으며, 지식을 가까이 할 수 없었으며, 탐구하는 것이 금지되었고, 일평생 여자라는 열등함과 종노릇하며 살도록 예정되었었습니다.

그녀의 결코 만족되지 않은 지식에 대한 갈망과 단호한 호기심은 그녀로 하여금 성스러운 규칙들을 범하고 아버지의 서재에 숨어 들어가 감히 탈무드를 읽도록 하였습니다. 마침내 그녀는 자신을 남자로 변장하고서 "거룩한" 남자들만의 성스러운 영역이며, "저급한" 여자들에게는 금지된 땅인 예시바에서 탈무드를 공부하였습니다.

그러나 결국 그녀는 자기 민족으로부터 고립되었으며 종교적 아집이 없는 땅을 찾아 겉보기에는 하찮은 사람들과 함께 배를 타고 먼 여행을 떠나게 되었습니다.

그녀의 죄는 무엇입니까? 그녀의 죄는 그녀가 감히 바리새인들이 정한 한계를 넘어 찾은 것과, 편협한 고집쟁이들이 여성들은 꿈도 꾸지 못하도록 한 것을 감히 동경하였다는 것이었습니다. 그녀는 하나님은 남자들에게 좋으신 것처럼 여자들에게도 좋으신 분이라는 생각을 감히 하였던 것입니다.

당신은 목소리를 가지고 있고 선택할 수 있습니다

자유로운 영으로 애쓰고 종교적인 편견들과 맞붙어 싸우면서 그녀는 자신의 갈급한 추구를 몇 개의 기막힌 노래들로 표현하고 있습니다.

그녀는 묻습니다. '나는 내가 되고 싶은 사람이 될 수 없다고 어디에 쓰여 있나요?'

종교가 그녀에게 들여다보라고 했던 좁은 시야를 묘사하면서 그녀는 오직 하늘의 한 조각만을 바라보도록 허락되었다는 것을 깨달았습니다. 이제 그녀는 하늘이 얼마나 넓고 높은지 꿈도 꾸지 못했던 것을 한 걸음 밖으로 나와서 보게 되었습니다.

그녀는 자신의 새로운 지식으로 말미암아 새로운 세계 속으로 태어났습니다. 이제 그녀는 자신의 목소리를 가졌습니다. 이제 그녀는 선택할 수 있습니다.

그녀의 걸작 중에 몇 구절은 이렇습니다.

'더 많은 것을 원하는 것이 무엇이 잘못인가요? 왜 한 조각의 작은 하늘만으로 만족해야 하나요?'

더 큰 가능성

종교적인 억압 때문에 부끄럽게 여겨졌지만, 그녀는 이제 지식의 나무들로 우거진 숲속을 걸으며 나뭇잎들이 가르치는 것에 귀를 기울입니다.

어떤 바람도 끌 수 없고, 어떤 파도도 돌이킬 수 없고, 어떤 불도 태워 버릴 수 없고, 아무리 시간이 지나도 없앨 수 없는 이전에 당신이 가졌었던 것들에 대하여 그녀는 노래합니다.

그녀의 마지막 노래는 그녀가 찾아내고 동경하였던 지식의 경이로움으로 인해 태어난 새로운 옌틀이 확신하게 된 강렬한 기도와 찬양들입니다.

자신을 보십시오! 자유하십시오! 자신이 되십시오!

그녀는 자신이 빛의 겉옷을 입고 하나님의 영광으로 옷 입었다고 느낍니다. '날지 못한다면 왜 새에게 날개를 주었나요, 보지 못한다면 왜 눈을 가지고 있나요, 뻗지 못한다면 왜 팔이 있나요, 의문을 갖지 않는다면 왜 마음이 있나요, 마시지 못한다면 왜 갈증이 있나요'라고 기쁨으로 가득차서 그녀는 묻습니다.

그녀는 다시 이렇게 묻습니다. 내가 맞이하는 새 아침의 의미를 찾아서는 안 된다고 어디에 쓰여 있나요? 엔틀은 자유롭습니다. 오직 그림자만을 원했지만 그림자는 결코 그녀를 다시 만족시킬 수 없었던 시절을 그녀는 회상합니다.

햇빛을 피해서 도망가고, 너무 많이 봤다는 것 때문에 겁을 냈던 것을 그녀는 기억하고 있습니다. 그녀는 자신의 감정 속에 감추어 버리고 모든 문을 닫아 버렸었습니다. 그러나 이제는 더 이상 문을 닫지 않을 것입니다.

이제는 무언가가 그녀에게 자신을 보고, 자신을 자유롭게 하고, 마침내 자신이 되라고 말하고 있습니다. 너무나 오랫동안 커튼이 드리워져 있었습니다. 이제 그녀는 새벽을 환영할 수 있습니다. 이제는 더 이상 그 음성을 자신 속에 감추어 둘 수 없습니다. 무슨 일이 일어나든지 이전과는 똑같을 수 없습니다. 그녀는 이제는 결코 이전과 똑같지 않을 것이라고 자신에게 약속을 하였습니다.

전체적으로 감동적인 이야기는 마침내 이 사기를 꺾어버리는 억압적인 교조주의와 편견의 그림자에서 자신을 빠져나오게 한 한 사람의 영광스러운 환희를 극적으로 표현하고 있습니다.

당신의 꿈보다 더 좋습니다

이제 당신을 위해서도 금기시 되던 것들이 드러났습니다. 당신은 하나님의 광대한 열린 하늘의 풍성함 아래 담대하게 발을 내딛고 있습니다.

당신이 꿈꾸던 것보다 나무들은 더 크고, 숲들은 더 풍성하며, 산들은 더 높고, 하늘은 더 큽니다.

당신의 좋은 판단력은 당신의 아버지께서 이 모든 것을 당신을 위해 창조하셨다는 것을 시인하고 있습니다.

정죄와 종말로, 종교적으로 금지하고 경고하던 것들로 인해 제한받고 있던 당신의 과거를 회고해 보고 당신이 원하는 것을 감히 동경한다면 당신은 이런 질문들을 하게 될 것입니다.

> 어두운 한 구석만 보도록 되어 있다면 왜 내 눈은 이렇게 멀리 볼 수 있을까요?
> 내가 음악을 즐기고 바람을 들이마시게 되어 있지 않다면 왜 새들은 노래하고 미풍은 불까요?
> 내가 뿌린 씨앗의 열매를 다 수확하지 않게 되어 있다면 왜 땅이 이렇게 비옥할까요?
> 내가 별을 향해 뻗치지 않게 되어 있다면 왜 하늘은 이렇게 광대할까요?

내가 그 향기를 맡게 되어 있지 않다면 왜 장미는 그렇게 향기로울까요?

내가 쳐다보게 되어 있지 않다면 왜 무지개는 그렇게 영광스러울까요?

제14장
성취할 수 있는 수용능력

종교의 부정적인 측면은 물질적으로 쾌락을 주거나 육체적으로 즐길 수 있는 것은 거의 모든 것에 대해 사람들을 정죄하고 고소합니다.

육신의 정욕, 눈의 정욕과 이생의 자랑에 대해 경고하는 성경 구절은 수십 개나 됩니다(요일 2:16).

그러나 종교는 이런 성경 구절만 집중적으로 관심을 갖으므로 물질적인 형통함을 바라는 것을 죄악시하였습니다. 탐심의 죄를 짓거나 교만으로 정죄받지 않도록 하나님께서 그분의 가족을 위해 창조해 놓으신 풍성한 부요를 신자들은 찾거나 동경하지 못하게 되었습니다.

물질적인 복에 대해 터부시하던 것들을 거부하지 않는다면, 신자들은 하나님과 자신들과 사람들에게 좋은 성공적인 사업이 필요하다는 것에 대한 긍정적인 믿음을 사용할 수 없을 것입니다.

우리를 위한 것이 아니라면 지구의 모든 아름다움은 왜 존재합니까?

신자들을 위한 것이 아니라면 이 모든 부는 왜 존재합니까?

하나님의 사람들을 위한 것이 아니라면 왜 성공의 법칙들이 역사하며 성취에 대한 이 모든 잠재력이 존재할까요?

하나님의 가족을 위한 것이 아니라면 모든 인생의 좋은 것들은 왜 존재할까요?

당신은 제한 받지 않습니다

당신 손에 이 책이 들려져 있는 이유는 하나님께서 당신이 발전하고 더 좋은 삶을 살기 원하는 것이 잘못된 것이 아니라는 것을 당신이 알게 되기를 바라시기 때문입니다.

하나님께 연결되면 당신이 성취하는 데 있어서 당신의 근원은 한계가 없습니다.

하나님께서 아담과 하와를 풍성함과 행복과 건강과 성취의 환경 안에 창조하신 그 날 이래로, 하나님께서는 사람들에 관한 마음을 바꾸신 적이 없으십니다.

당신은 생각하고 계획하며, 숙고하고 상상하며, 믿고 성취하며, 당신이 원하는 것을 찾는 다른 어떤 피조물도 가지지 못한 기적적인 수용능력을 가지고 있습니다.

당신이 원하는 마음과 구하는 눈으로 당신은 다음의 것들을 가지고 있습니다.

영감의 원리 The principle of inspiration,
열정에 대한 근거 The basis for enthusiasm,
행동으로 옮기게 하는 발단 The trigger for action,
인내하게 하는 자극 The stimulus for endurance,
성취하려는 동기 The motive for achievement,
발전하려는 유인 The inducement for improvement.

하나님은 이렇게 말씀하십니다. 내게 귀를 기울이면 너희는 오랫동안 좋은 삶을 살게 될 것이다. 내 지시를 따르면 너희는 진정한 삶을 살게 될 것이다(잠 4:10,13).

그분은 이렇게 말씀하고 계십니다. "나의 큰 하늘 아래로 나오너라. 눈을 들어 보아라. 한 번 보려므나. 아름답지 않느냐. 사랑하라. 동경하라. 이 모든 것은 내가 너희를 위해 만들었단다. 너희가 사는 세상이란다. 너희기 동경하면 가질 수 있는 것이다."

예수님은 말씀하셨습니다. "너희가 원하는 것은 무엇이든지, 기도할 때 그것을 받은 줄로 믿으면 너희가 가지게 될 것이다"(막 11:24).

그러나 그것들을 취하려면 당신은 먼저 그것들을 찾아야 하고 원하는 것을 동경해야 합니다.

조심할 것은 결코 실망하지 않는 것입니다

　이 주제에 대해 신학자들이 쓴 글을 찾아보니 욕망의 육신적인 점을 정죄하고 고소하고 비난하는 책들이 많았습니다.

　그러나 신자들에게 물질적 성공의 최고치를 목표로 하도록 격려하는 것은 희귀했습니다.

　탐심, 질투, 탐욕, 정욕 때문에 부요함이나 재물이나 다른 어떤 것들을 원하는 것은 자멸하는 것이며 비생산적이라는 것은 나도 알고 있습니다.

　아합이 나봇의 포도원에 대한 탐심에 사로잡혀서 거기서 죽었던 것을 나도 알고 있습니다.

　요셉의 형제들이 탐욕과 질투심 때문에 그를 팔아 모욕적인 결과를 가져왔던 것에 대해서도 나는 알고 있습니다.

　다윗이 밧세바에 대한 정욕 때문에 하나님 앞에서 죄를 짓고 자신이 저지른 것을 깊이 후회했던 것에 대해서도 나는 알고 있습니다.

　한 부자가 방탕한 삶을 살려고 재물을 쌓아 두었었지만 그의 영혼이 부름을 받았던 것에 대해서도 나는 알고 있습니다.

　유다가 그까짓 은 삼십 조각에 대한 탐욕과 정욕 때문에 자멸하게 된 것도 나는 알고 있습니다.

　악한 욕망에 대해서 경고하는 많은 이유들에 대해서도 나는 알고 있습니다. 그렇지만 나는 그리스도인들이 쓰는 글은 신자들을 위해 하나님께서 이 땅에 창조해 놓으신 좋은 것들을 욕망하도록 격려하는 것이 강조되어야 한다고 생각합니다.

욕망의 부정적인 측면만을 강조하는 설교자들 때문에 신자들은 죄의식으로 프로그램되어 포기하고 물러서 있습니다. 고소하는 자인 사탄은(계 12:10) 신자들이 성공에 대한 욕망은 나쁜 동기에서 비롯된 것이라고 믿게 했습니다. 이것은 물질적인 부를 하나님의 백성들의 손으로부터 빼앗도록 하려는 사탄의 고안입니다.

사탄은 하나님의 복을 사람들과 나누기 위한 물질적인 수단을 우리가 가지고 있지 않다면, 우리가 얼마나 많은 영적인 부를 가지고 있든지 관심이 없습니다.

하나님의 최고 좋은 것을 원하십시오

힌두교의 가장 중요한 교리 중의 하나는 인생에서 어떤 축복이나 신분이나 행복이나 성공에 대한 욕망을 억누르는 것입니다. 힌두교는 우리는 운명의 산물이라고 가르치며, 우리가 어떤 상태에 처해 있든지 체념하고 그대로 받아들이라고 합니다.

석가모니는 사람은 삶에서 모든 욕망을 약화시키고 욕망의 뿌리를 죽게 하는 정신적인 통제의 수준에 도달하는 것에 성공할 수 있다고 가르쳤습니다. 그는 이를 "니르바나" 혹은 "무욕 desirelessness"이라고 불렀습니다.

그러나 바로 무욕의 상태를 바라는 것도 바로 욕망입니다. 실제로 이 욕망은 너무 강력해서 이 무욕의 낙원의 경지에 이르기 위해 일평생 동안 정신적인 추구를 하기도 합니다. 이는 마치 두통을 제거하기 위해 머리를 없애려고 노력하는 것과 같습니다.

우리는 아름답고 좋고 생산적인 것을 동경하는 감정적인 능력을 가지도록 창조되었습니다.

하나님께서는 당신 안에 있는 건강한 감정이 자유롭게 새로운 높이로 날아올라서 종교적인 편견이 당신이 꿈꾸지도 못하게 하던 수준으로 당신의 세상을 축복하기를 바라십니다.

제 15 장

성공에 대한 최고 스승

"온 백성에게 기쁜 소식을 우리는 가지고 왔다. 구원자가 태어난 것을 보라"(눅 2:10-11)고 말하면서 천사들은 그리스도의 오심을 알렸습니다.

무엇으로부터 구원한 분일까요?

우리의 죄에 대한 심판으로부터입니까? 물론입니다. 뿐만 아니라 부패와 자기 비하와 미미함의 저주로부터입니다. 질병과 아픔, 가난과 실패, 보잘것없음과 수치, 불순종과 죽음으로부터입니다.

예수님은 정죄하고, 사기를 죽이고, 사람됨을 부정하고 위협하는 종교의 부정적인 것들로부터 구원하는 구원자로 오셨습니다.

종교는 늘 잔인하고 생명보다 율법을 더 성스럽게 여겼었습니다.

예수님은 한 손이 마른 가난한 사람을 고쳐주셨습니다. 종교인들은 이렇게 소리를 질러댔습니다. 날이 잘못되었다. 그의 손을 그대로 두어라. 안식일을 지켜야 한다(막 3:1-6). 그들은 이 불쌍한 사람의 마른 손보다도 그들의 율법을 더 중요하게 여겼습니다.

예수님은 무덤에서 나흘이나 된 죽은 사람을 살리셨습니다. 종교적인 무리들은 하나님께 영광은 전혀 돌리지 않고 사람들이 예수님을 따르지 못하도록 하려고 예수님을 죽이려고 회의를 열고 대항했습니다.

그들은 사람들의 마음을 조종하려는 생각에 너무나 사로잡혀 있어서 사 일 동안이나 죽어있었던 사람이 살아나는 것도 그들의 독단주의에 영향을 끼치지 못했습니다. 그들은 사람들을 자신들의 뜻대로 조종하지 못하게 되는 것보다는 오히려 기적을 무시하고 예수님을 죽이기로 하였습니다.

그들은 간음하다가 붙잡힌 한 여자를 예수님께 끌고 왔습니다. 율법을 어겼으므로 종교적인 군중들은 그녀를 돌로 쳐 죽이기를 원했습니다. 예수님은 그녀를 숙녀로 대하시며 그녀를 용서하심으로 그녀의 자존감을 회복시켜 주셨습니다(요 8:4-11).

예수님은 벌거벗은 미친 사람을 만났습니다. 종교적인 군중들은 그에 대해 아무 관심도 갖지 않고 그가 고통받다 죽기를 바라면서 내버려두었습니다.

예수님은 그가 제정신이 돌아오도록 해 주고 명예를 회복시켜 주셨습니다. 예수님은 열 개의 마을에 예수님의 개인적인 대리자로 그를 보내셨습니다(막 5:1-20). 얼마나 영광스러운 직분입니까!

예수님은 한 더러운 나병환자를 만났습니다. 종교적인 군중들은 그를 그의 운명에 버려두었습니다. 그러나 예수님은 그를 깨끗하게 해주심으로 그가 다시 존경받는 시민으로서 명예와 위엄을 회복하게 해 주셨습니다(막 1:40-45).

예수님은 세상에 하나님이 어떤 분인지를 보여 주려고 오셨습니다. 예수님은 이렇게 말씀하셨습니다. 너희가 나를 보았으면 내 아버지를 보았다(요 14:9). 나는 아버지 안에 있고 아버지는 내 안에 계신다(요 14:11).

예수님은 좋았습니다. 그분은 판단하지 않았습니다. 그분은 행복했습니다. 그분은 필요한 모든 것을 가지고 계셨습니다. 자연은 그분의 명령 아래 있었습니다. 그분은 능력이 있으셨습니다. 그분은 사람들을 일으켜 주고, 축복하고, 도와주고, 치료해 주고, 사랑하셨습니다. 그분은 아버지께서 우리가 즐기기 원하는 그런 삶을 우리에게 보여주셨습니다.

기적을 행하시는 분이 하신 경이로운 일들

예수님은 이렇게 말씀하셨습니다. 너희가 원하는 것은 무엇이든지 가질 수 있다(막 11:24).

그분은 "하나님께는 모든 것이 가능하다"(막 10:27)고 말씀하셨습니다. 그분은 "너희에게는 불가능한 것이 없다"(마 17:20)고 말씀하셨습니다.

그분은 한 어부를 찾아 그를 지도자로 만드셨습니다.

그분은 귀신들려 학대받던 한 여자를 그분의 가장 생산적인 추종자들 중 한 숙녀로 변화시키셨습니다.

그분은 고통과 수치 속에 살고 있던 벌거벗은 미친 사람을 그분을 위한 효과적인 대표자로 높이셨습니다.

그분은 사람을 속이던 세무관리인을 존경스러운 신사로 변화시키셨습니다.

그분은 추한 것들을 아름답게 만드셨습니다.

그분은 불치병을 윤기 나는 건강으로 대체하셨습니다.

그분은 공의의 법을 폐기하고 자비의 경이로움으로 관을 씌우셨습니다.

그분은 죽음의 궤도에서 죽음을 멈추게 한 후 새로운 생명을 불어넣으므로 죽음을 초월하게 하셨습니다.

그분은 어디서나 무한한 가능성들을 보았습니다.

그분을 발견한 사람은 보통 사람도 비범한 사람이 되었습니다.

그분은 사람들이 좋은 삶을 발견하도록 도와주셨습니다.

죄의식으로 병들고, 실패로 낙담하고, 문제에 압도당하고, 편견으로 괴로워하는 사람들이 하나님께서 그들을 믿으시며 그들이 행복하고 건강하며 성공하고 자존감을 가지도록 하나님의 가장 좋은 것을 주기 원하신다는 것을 발견하게 되어 벌떡 일어나 자랑스러워하게 되도록 사람들에게 영향을 주셨습니다.

제 16 장

긍정적인 욕망을 가진 신자들

세상을 창조하신 후 하나님은 너무나 기쁘셔서 시간을 내어 자신의 모양을 따라 만든 사람들을 위하여 만든 모든 것을 바라보셨습니다.

하나님이 지으신 그 모든 것을 보시니 [감탄하시고] 보시기에 심히 좋았더라(창 1:31).

하나님께서 좋다고 감탄하신 것을 경건한 아집으로 감히 나쁘나고 하도록 허락해시 되겠습니까?

하나님은 당신에게 감탄하십니다

하나님의 더 좋은 라이프스타일에 한 번 눈을 고정시킨다면 삶이 어려워진다고 겁을 먹고 물러나지는 않을 것입니다. 당신은 문제를 만나면 성장을 위한 기회로 바꾸게 될 것입니다. 당신은 하나님의 도움으로 이전보다 더 위대한 꿈을 꾸고, 그 꿈을 이루게 될 것입니다.

당신의 소망들이 반대에 부딪힌다 해도 판단받는 것이 두려워 움츠려들지 않고, 깨어진 꿈의 조각들을 줍거나, 실수들을 통해 배우거나, 원수의 전략을 배우거나, 그럴 때마다 곧바로 매번 더 높은 목표를 세우고 최선을 다하며 다시 도전할 것입니다.

성경은 새로운 의미로 생동감을 더하게 될 것입니다.

주를 경외하는 자들에게는 모든 좋은 것에 부족함이 없을 것이다(시 34:10).

당신은 하나님의 좋은 것들을 동경합니다. 당신을 그것들을 취할 목표를 세웁니다. 당신은 그것을 취합니다.

주는 나의 목자시니 내게는 부족함이 없을 것입니다(시 23:1).

"네 하나님 여호와께서 너를 아름다운 땅에 이르게 하시나니 그 곳은 골짜기든지 산지든지 시내와 분천과 샘이 흐르고 밀과 보리의 소산지요 포도와 무화과와 석류와 감람나무와 꿀의 소산지라 네가 먹을 것에 모자람이 없고 네게 아무 부족함이 없는 땅이며 그 땅의 돌은 철이요 산에서는 동을 캘 것이라"(신 8:7-9).

두 번째 생각들 – 새로운 생각들

위대한 지도자였던 느헤미야는 그들이 광야를 지날 때 하나님께서 어떻게 그들을 돌보셨는지를 백성들에게 생각하도록 했습니다. 백성들이 반대자들에게 패배하도록 스스로 허락했을 때 이렇게 했습니다. 대부분의 백성들은 압제당하고 사는 운명에 만족하기로 선택했었습니다.

느헤미야는 그들에게 하나님의 축복을 찾으라고 촉구했습니다. 그는 그들로 하여금 하나님의 라이프스타일을 동경하는 나머지 그들에게 강요된 속박을 떨쳐버리고 새로운 승리하는 태도로 하나님의 최고를 추구하도록 동기를 부여했습니다.

그는 하나님께 이렇게 기도했습니다.

"사십 년 동안 들에서 기르시되 부족함이 없게 하시므로 그 옷이 해어지지 아니하였고 발이 부르트지 아니하였사오며 또 나라들과 족속들을 그들에게 각각 나누어 주시매 그들이 시혼의 땅 곧 헤스본 왕의 땅과 바산 왕 옥의 땅을 차지하였나이다 주께서 그들의 자손을 하늘의 별같이 많게 하시고 전에 그들의 열조에게 들어가서 차지하라고 말씀하신 땅으로 인도하여 이르게 하셨으므로 그 자손이 들어가서 땅을 차지하되 주께서 그 땅 가나안 주민들이 그들 앞에 복종하게 하실 때에 가나안 사람들과 그들의 왕들과 본토 여러 족속들을 그들의 손에 넘겨 임의로 행하게 하시매"(느 9:21-24)

이렇게 하여 사람들은 자신들의 처지에 대하여 새로운 생각을 하게 되고 좋은 인생을 다시 되찾는 도전을 하였습니다.

보다시피 좋은 것을 원하고, 이에 대하여 탐구하고, 그들을 창조하신 하나님께서 하시는 것처럼 감탄하는 것은 당신의 권리입니다.

그는 자기를 경외하며 신뢰하는 자들이 원하는 것을 주십니다(시 145:19).

욕망의 부정적인 면들만 너무 과장하는 종교가 당신의 긍정적인 욕망의 능력을 무력하게 하도록 하지 마십시오.

긍정적인 욕망을 믿으십시오

예수 그리스도께서 당신을 옛 본성의 영역으로부터 속량하셨다는 것을 이해하십시오. 더 좋은 삶을 원하는 것에 대한 죄책감을 거절하십시오. 당신의 욕망은 이제 하나님의 욕망입니다. 당신은 하나님께서 만드신 새로운 당신인 새로운 피조물을 믿습니다.

우리의 이전의 악한 욕망들은 그리스도와 함께 십자가에 못 박혔습니다(롬 6:6).

"그리스도 예수의 사람들은 육체와 함께 그 정욕과 탐심을 십자가에 못 박았느니라"(갈 5:24).

하나님은 이렇게 말씀하십니다.

"또 새 영을 너희 속에 두고 새 마음을 너희에게 주되 너희 육신에서 굳은 마음을 제거하고 부드러운 마음을 줄 것이며"(겔 36:26).

"여호와께서 땅 끝까지 선포하시되 너희는 딸 시온에게 이르라 보라 네 구원이 이르렀느니라 보라 상급이 그에게 있고 보응이 그 앞에 있느니라 하셨느니라"(사 62:11).

"사람들이 너를 일컬어 거룩한 백성이라 여호와께서 구속하신 자라 하겠고 또 너를 일컬어 찾은 바 된 자요 버림 받지 아니한 성읍이라 하리라"(사 62:12).

좋은 땅과 좋은 삶은 우리의 것입니다.

이것을 동경하십시오! 이것을 추구하십시오!

부족한 것이 없이 정직하게 사십시오

예수님께서 말씀하신 방탕한 아들에 관한 이야기는 아버지의 집에 차고 넘치는 부와 행복과 풍성함을 묘사하고 있습니다. 불만을 가진 아들이 아버지의 집에서의 라이프스타일에 불만을 품게 되었을 때 그는 부족함을 경험하기 시작했습니다(눅 15:14).

사도 바울은 이렇게 말했습니다. 네 손으로 일하고 네 사업을 하라. 정직하게 행하여 아무 것도 부족한 것이 없도록 하십시오(살전 4:11-12).

지금부터 십 년 이십 년 후에 성공히는 사람들은 긍정적인 욕망의 힘을 믿는 사람들일 것입니다. 그들은 강요된 편견의 제한들을 거절하고, 하나님께서 창조한 것은 그들의 통치 영역이라는 것을 믿습니다.

그들은 하나님께서 아브라함에게 "롯이 아브람을 떠난 후에 여호와께서 아브람에게 이르시되 너는 눈을 들어 너 있는 곳에서 북쪽과 남쪽 그리고 동쪽과 서쪽을 바라보라 보이는 땅을 내가 너와 네 자손에게 주리니 영원히 이르리라"(창 13:14-15)라고 말씀하셨을 때 아브라함이 한 것과 같이 행동한 사람들입니다.

"너는 일어나 그 땅을 종과 횡으로 두루 다녀 보라 내가 그것을 네게 주리라"(창 13:17).

제 3 부

갈망하십시오

당신은 감탄의 대상 이상입니다. 당신 속 깊이 갈망이 불타고 있습니다.

한마디 칭찬은 더 발전하도록 하는 무대를 마련해 줍니다.
한 번의 성취는 더 높은 성취를 잴 수 있는 자를 마련해 줍니다.
한 번의 성취는 더 큰 보물을 찾도록 하는 새 페이지를 펼쳐 줍니다.

하나님께서 이 세상에 창조해 놓으신 좋은 것들을 갈망하십시오. 그것들은 하나님과 함께 동역하도록 여기 당신을 위해 있는 것입니다. 좋은 인생을 갈망하는 것은 하나님께서 당신 안에서 하나님의 왕국을 위해 하나님의 가장 좋은 것들을 사용하도록 갈망하는 것입니다.

우리의 욕망이 하나님의 갈망과 일치하게 될 때,
우리의 대망은 하나님의 영감으로 꽃필 수 있습니다.

제 17 장

성취하도록 힘을 얻다

하나님의 원래의 꿈은 좋은 것이었을까요 나쁜 것이었을까요? 제한되어 있었을까요 제한이 없었을까요? 인색했을까요 너그러웠을까요? 좌절하게 했을까요 흥분되게 했을까요? 사기를 저하시켰을까요 북돋웠을까요? 병약했을까요 건강했을까요? 무시했을까요 인격적이었을까요?

실제적인 욕망의 불이 당신 안에 불타고 있습니다. 당신의 동경은 갈망으로 변했습니다.

성취와 만족과 행복과 목표 달성과 형통과 성공을 위해 좋은 일을 하고, 상처를 치유하고, 짐을 덜어 주고, 압제당하는 사람들을 축복하며, 필요를 채워주고, 삶을 함께 하며, 희망을 전파하고, 사람들을 부요하게 함으로 당신의 세계를 세워줄 풍성한 가능성을 당신은 보고 있습니다.

당신은 결코 다시는 작은 조각의 하늘로는 만족하지 않을 것입니다. 당신은 하나님의 가장 큰 나무들 가운데로 행진할 것입니다. 가장 높은 산을 오르며, 가장 큰 보물을 찾아내고, 가장 깊은 바다를 항해할 것입니다. 이것이 바로 당신의 세상 즉 당신이 다스릴 곳입니다. 하나님께서 당신을 위해 창조하신 세상입니다.

결코 이전 같지 않습니다

당신은 하나님과 함께 일하는 사람입니다. 당신의 감정은 당신을 통하여 반영된 하나님의 감정입니다.

"너희 안에서 행하시는 이는 하나님이시니 자기의 기쁘신 뜻을 위하여 너희에게 소원을 두고 행하게 하시나니"(빌 2:13).

어떤 번역본은 이렇게 번역했습니다. 하나님은 당신 안에 있는 에너지 공급원입니다. 많은 일들이 이루어지지만 이 모든 것들 안에서 에너지를 공급하시는 하나님은 같은 분입니다(고전 12:6).

이제 당신은 이렇게 말합니다. "이제 나는 스스로를 만족하게 여길뿐만 아니라 행복하게 여길 것입니다. 나는 하나님의 일을 할 수 있습니다."

하나님은 그분이 좋았다고 선언한 그분이 창조하신 모든 것을 사용하여 당신을 축복하고 당신을 다른 사람들에게 축복이 되게 하실 것입니다.

예수님은 이렇게 말씀하셨습니다. "아버지께서 내 안에 계셔서 그의 일을 하시는 것이라"(요 14:10). 하나님은 당신을 둘러싸고 있는 풍성한 좋은 것들을 만드셨습니다. 그분은 그것으로 당신을 축복하고 당신을 통해 다른 사람들을 축복하기 원하십니다.

데니스 웨이트리Denis Waitley는 많은 시 가운데 이렇게 말했습니다.

> 당신의 타고난 능력이나 재능이 아닙니다.
> 당신의 가치를 증명하는 당신의 통장도 아닙니다.
> 단지 당신의 꿈을 붙잡고 그 꿈을 믿으십시오.
> 나가서 일하면 당신의 꿈을 이룰 수 있습니다.

제 18 장
긍정적인 갈망의 힘

당신의 동경은 당신을 새로운 수준으로 높여줍니다. 당신은 좋은 인생을 갈망하기 시작합니다.

갈망한다는 것aspire은 다른 뜻도 있지만, 깊은 동경과 고상한 욕망이나 야망을 가지는 것, 위대하고 좋은 것에 대한 강렬한 욕망이 있는 것입니다. 목표를 높이 잡으십시오. 열심을 품고 노력하십시오.

당신은 아버지의 좋은 기쁨이 되며, 소유하며, 행하기 위해 여기 있습니다. 이것을 껴안고 좋은 소식을 누구에게나 퍼뜨리십시오.

더 높이 가려고 갈망하십시오

당신은 믿기로 선택하는 모든 사람들을 축복하는 크나큰 왕국의 사업을 하기 위해서 하나님께 연결되어 있습니다. 당신은 목적이 있습니다. 당신은 자존감이 있습니다. 당신 자신이 가진 고유한 가치로 새로운 탄생을 경험하고 있습니다.

당신은 하나님과 하나이므로 다스려야만 합니다. 하나님께서 창조하신 좋은 것들은 더 이상 동경하는 것 중에 하나가 아니라 습득해야 할 최우선의 것입니다.

어떤 사람은 당신의 갈망하는 능력이 돈을 버는 능력보다 더 중요하다고 말했습니다.

키케로Cicero는 "욕망의 갈증은 결코 채워지지 않는다"고 말했는데 실제로 그렇습니다.

저는 이렇게 말합니다.

> 칭찬 한마디 한마디는 더 잘하도록 무대를 세워주는 것입니다.
> 성공한 일 하나하나는 더 높은 성취를 잴 수 있는 자를 만들어 줍니다.
> 성취한 일 하나하나는 또 다른 보물찾기를 하려고 새 페이지를 펼치는 것입니다.

더 좋은 건강, 더 좋은 집이나 차나 직장이나 동료, 사람들과 더 좋은 관계, 하나님을 더 예민하게 의식하는 것, 더 행복하고 만족하는 것, 더 많은 돈과 영향력, 더 행복한 결혼, 더 많은 사랑을 당신은 갈망합니까?

당신이 정말로 원하는 것이 무엇인지 찾아냈으면, 기록하고 읽어 보십시오. 이런 것을 얻게된 자신의 모습을 보기 시작하십시오. 매일 그 목록을 큰 소리로 읽으십시오.

이기려는 의지

어렸을 때 윌마 루돌프Wilma Rudolph가 했던 것 같이 하십시오. 소아마비로 인하여 그녀의 두 다리는 완전히 마비되었고 왼쪽 발은 안으로 굽어져 있었으며 두 다리를 버티게 해 주는 보조기는 무거웠지만, 그녀는 장애로부터 벗어나서 삶에서 성공할 것을 꿈꾸는 것을 결코 멈춘 적이 없었습니다.

그녀의 전 존재는 자신의 장애를 이기려고 갈망했습니다.

그녀의 대단한 믿음의 능력과 탁월한 결과를 얻으려는 흔들리지 않은 열망은 그녀로 하여금 보조기를 던져 버리고 그녀의 다리의 신경과 근육을 움직이도록 했습니다.

모든 사람들이 놀랍게도 그녀는 스스로 걷는 법을 배우고, 농구팀을 구성하여 세 개의 금메달을 고향으로 가져온 전율하게 하는 올림픽 게임으로 세상의 팬들을 감동시켰는데, 이는 여자 선수로서는 역사상 처음 있는 일이었습니다. 장애인이었던 소녀가 살아 있는 전설이 되었습니다.

그녀는 성취를 갈망했으며 아무것도 그녀를 막을 수 없었습니다. 미국의 가장 위대한 야구 코치 중 한 사람은 이렇게 말했습니다. "이기는 것이 전부가 아니라 이기려는 의지가 전부입니다."

불가능한 꿈을 꿈꾸십시오

하나님께서 이 세상에 창조하신 좋은 것들을 진지하게 갈망하십시오. 그것들은 하나님과 협력하여 당신을 위해서 여기 존재한다는 사실을 받아들이십시오. 당신이 좋은 인생을 갈망하는 것은 하나님께서 그분의 나라를 위해서 하나님의 최고 좋은 것을 활용하기 위해 당신 안에서 갈망하시며 일하시는 것입니다.

삶에서 이기는 사람들은 당면하고 있는 한계가 무엇이든지 무시하고 그들이 갈망하는 것에만 집중합니다.

1. 당신에게 가능한 것 이상을 꿈꾸십시오.
2. 당신이 꿈꾸고 있는 것을 동경하십시오.
3. 당신의 꿈을 위해 전력하십시오.

버튼Burton은 이렇게 말했습니다. "지혜로운 사람들은 그들이 정당하게 얻을 수 있고, 의미 있게 사용할 수 있고, 기쁘게 나누어 줄 수 있고, 만족스럽게 떠날 수 있는 것만을 원할 것입니다."

그의 조언은 기본적으로는 좋은 것이지만 부정적입니다. 나는 이렇게 말함으로 당신이 더 높은 목표를 세우기를 촉구합니다.

하나님의 지혜로 지혜로우십시오.

당신 안에 있는 하나님의 창조적인 아이디어가 생산할 수 있는 최대치를 취득하십시오.

그것을 의미 있게 사용하도록 하나님께서 당신에게 영감을 주실 것입니다.

하나님께 영광을 돌리고 사람들을 세워주는 방법으로 당신은 그것들을 나누게 될 것입니다.

하나님의 가장 좋은 꿈들을 재정으로 후원하는 통로에 그것들을 남겨놓고 당신은 죽게 될 것입니다.

하나님께서 당신을 위해 창조하신 풍성한 것들을 당신이 하나님의 관점에서 바라보게 될 때 당신은 일어나서 그 좋은 인생을 추구하게 될 것입니다.

헬렌 켈러Helen Keller는 한 번은 이런 말을 하였습니다. "무엇을 할 만큼 정말 원하고 포기하지 않는다면 우리는 무엇이든지 할 수 있습니다."

좋은 인생은 하나님의 아이디어입니다.

의인의 소원은 오직 선합니다(잠 11:23).

하나님께서 당신 안에 살아계실 때 당신은 하나님이 갈망하는 것을 갈망하게 되고 그 갈망은 좋은 것입니다.

삶에 대한 열정

밸가이Balguy는 이렇게 말합니다. "당신의 갈망이 제한받지 않을 때 당신의 노력은 끝이 없습니다. 갈망은 당신이 결코 완성할 수 없는 과업을 당신에게 주고는 당신이 결코 끝마칠 수 없는 일을 요구합니다. 언제나 만족은 없고 행복은 멀기만 합니다."

그러나 이런 철학은 당신의 발전을 억압합니다.

무한한 욕망은 무한한 믿음을 위해 동기를 부여하기 때문에 나는 오히려 당신의 무한한 갈망을 격려합니다. 무한한 갈망이 끝없는 행동의 이유가 되고 삶의 열정을 주기 때문입니다.

당신이 해결한 모든 문제는 더 큰 문제를 가져오는 것이 사실이지만, 이는 더 큰 기회와 더 큰 성취로 인도하는 길의 문을 엽니다.

갈망은 영감을 주고 그 선망하는 힘은 수입을 얻는 힘이 된다는 것을 우리가 발견할 때 만족과 행복은 멀리 있는 목표들이 아니라 매일 성취하는 것에 있습니다.

제 19 장

지금 우리에게 필요한 하나님의 것

천국은 이미 충분히 가지고 있습니다. 우리는 여기 땅 위에서 하나님의 것들이 필요합니다.

여러 개의 이름을 가진 종교들은 한결같이 가난을 경건과 열결시키고, 고통받는 것을 거룩함과 연결시키고, 짐들을 겸손과 연결시킵니다.

위대한 미국의 철학자였던 에머슨Emerson은 어린 소년이었을 때부터 물질적인 성공과 성취와 형통을 갈망하는 것에 반대하도록 사람들을 교리로 가르치는 전통적인 신학을 다루는 글을 쓰기를 원했다고 했습니다.

아무도 흉내 낼 수 없는 방법으로 그는 진짜 인생, 즉 사람이 사는 것은 "신학보다 앞서는 것이며, 설교자보다 사람들이 더 잘 알고 있다."고 말했습니다.

그러면서 그는 한 설교자가 모든 문제들은 최후의 심판의 결과를 기다리고 있는 것처럼 인생에 관해 말했던 것에 대해 설명했습니다. 이 교리로 인하여, 그 설교자는 다음 세상뿐만 아니라 지금 이 세상에서도 심은 것을 거두게 된다는 사실을 무시했습니다.

오직 악한 자들만이 이 세상에서 성공하고 착한 사람들은 비참하게 삶으로써 자신들의 겸손과 경건을 증명해야 한다고 강조하는 그 설교자의 교리에 에머슨은 충격을 받았습니다.

그러나 이어서 그 설교자는 하나님께서 대심판날에 저울의 균형을 맞추실 것이라고 주장했습니다. 그 이전이 아니라 바로 그 때에 악한 자들은 그들에게 합당한 비참함을 얻게 되고 착한 사람들은 부를 상속받게 될 것이라고 했습니다.

그러나 이것은 모든 것을 영적으로 만들어버린 것입니다. 지금 여기 물질세계에서는 의인들을 위한 것이 아무것도 없습니다.

하늘에서도 땅에서도 많음

다른 말로 하면, 그 설교자는 하늘에서의 의인의 부에 대해서는 박수를 쳤지만, 지금 여기서의 의인들을 위한 물질적인 형통함에 대한 생각은 빼앗아 버렸다고 에머슨은 말했습니다.

요약하면, 그 설교자는 자기가 섬기는 성도들이 이렇게 말하도록 가르치고 있었습니다. "악한 사람들이 그들의 죄악된 물질을 사치하며 낭비하는 동안, 물질적인 세상에서 우리는 욕망을 억제하고 거지들처럼 살겠습니다. 그러나 우리가 천국에 가면 더 이상 우리는 종속도 억압도 탈취 당하는 일도 없을 것입니다. 우리는 악한 사람들이 여기 이 땅에서 가지고 있던 모든 부를 만끽할 것입니다."

바꿔 말하면, "지금 여기서 부요한 것은 죄입니다. 우리 경건한 사람들은 지금 죄를 지어서는 안 되지만, 천국에 가면 죄를 지을 것입니다. 우리는 지금 죄를 짓고 나중에 벌을 받고 싶습니다."라고 말한 것입니다.

젊은 에머슨에게 이것은 말도 안 되는 소리였습니다. 성경은 잘 몰랐지만 악한 사람들은 형통하고 의인은 가난해야 한다는 것이 그에게는 비논리적으로 보였습니다. 왜 그 반대가 아닌가?

복음은 바로 그 반대입니다!

예수님은 이렇게 가르쳤습니다. 뜻이 하늘에서 이루어진 것 같이 땅에서도 이루어질 것이다(마 6:10).

의인들이 은과 금을 가지고 천국에서 무엇에 쓰겠습니까?

여기 이 땅에서 하나님이 창조하신 부가 좋은 일을 위해 쓰일 수 있습니다.

하나님께서는 자신이 이 땅에 두신 보물들이 필요하지 않습니다. 하나님은 천국에 많이 가지고 계십니다.

가장 큰 죄 중에 하나는 아마도 자신을 훈련하지 않고 재능을 사용하지 않아서 지금 여기에서 물질적인 성공을 얻기를 거절하는 것일 것입니다.

하나님은 하늘에서 뿐만 아니라 지금의 믿음에 대해 보상하신다고 성경은 가르치고 있습니다.

믿음은 하나님을 향한 당신의 갈망입니다.

당신의 욕망이 당신을 향한 하나님의 욕망과 같은 수준으로 솟아오르도록 허락하십시오.

이렇게 할 때 기적적인 변화들이 당신의 인생에 일어나기 시작할 것입니다.

제 20 장

당신의 영역을 갈망하십시오

 당신이 실패의 겉옷을 벗어 버리고, 실망의 부정적인 증상들에서 빠져나오고, 사기를 떨어뜨리는 패배주의를 깨뜨리고, 남들과 똑같이 되는 것의 지루함에서 나와서 인생의 가장 좋은 것을 추구하여 얻을 수 있는 가능성이 당신 안에 있다는 것을 깨닫게 되기를 하나님은 원하십니다.

 보통 사람들이 만족하는 것보다 더 많은 것을 갈망하십시오. 모든 이기는 사람들의 공통된 특징은 그들은 간절히 이기기를 원했다는 것입니다.

 당신 안에 있는 간절한 갈망의 힘은 강력한 에너지와 창의성과 당신이 바라는 것을 향한 거의 초자연적인 끌어당김을 풀어놓는 기적적인 방법을 가지고 있습니다.

 당신이 발견해야 할 가장 중요한 사실 중 하나는, 하나님께서는 당신이 좋은 것 즉 삶에서 가장 좋은 것을 가지기를 바란다는 것과 하나님께서 그것들을 당신에게 주기 전에 당신이 그것들을 가지기를 갈망하고 추구할 때까지 기다리셔야만 한다는 것입니다.

한 맹인이 예수님께 소리를 질렀을 때 그분은 멈추어 서서 그에게 "내가 너를 위해 무엇을 해 주랴?"라고 물으셨습니다. 그는 보기를 원했으며 보게 되었습니다.

꿈은 반드시 이루어집니다

우리가 꿈을 가지게 될 때까지 꿈이 이루어진다는 것이 무엇인지 우리는 알 수 없습니다.

경건하다는 종교인은 마치 신발을 원한다고 발을 잘라버리는 것과 마찬가지로 우리의 욕망을 비난함으로써 우리의 소원을 십자가에 못박습니다.

성경은 이렇게 말씀하고 있습니다. "…우리가 생각하거나 구하는 것 이상으로 즉 우리의 가장 높은 기도, 욕망, 생각, 소망을 초월하여 무한히…"(엡 3:20, LB).

하나님께서 창조해 놓은 모든 것을 갈망하십시오.

물질적인 축복과 행복에 관한 모든 종교적인 금기 사항들을 떠나보내십시오.

당신은 삶에서 가장 좋은 것을 누릴 자격이 있습니다. 이것은 하나님께서 그것을 창조하시고 당신을 그 한가운데에 살게 하신 이유입니다. 이것은 당신의 영역입니다.

나의 책 「능력으로 역사하는 메시지」믿음의말씀사, 2009를 읽고 당신의 전체적인 라이프스타일을 위한 하나님의 전체적인 공급에 대해 발견하십시오.

형통한 사람들을 지적하며 풍요롭게 사는 사람을 정죄하는 사람들은 흔히 자신들의 인색하게 모은 것들을 자신들의 미래를 위해 모아두고 감추어 두면서, 다른 사람들을 일으켜 세워주는 것은 물론 현재의 하나님의 물질적인 축복의 즐거움을 전혀 즐기지 못하고 있습니다.

이 세상과 세상의 부는 우리의 영역입니다.

그러나 우리가 그 가치를 알고 우리 자신의 선한 목적과 하나님의 영광을 위하여, 또 우리 주변의 다른 사람들을 축복하기 위하여 그것을 소유하기를 갈망하기까지 우리는 이 값비싼 진주를 결코 소유할 수 없습니다.

우리가 주인들입니다

하나님은 이미 개발하고 완성된 세상을 우리에게 결코 주지 않으셨습니다.

그분은 우리에게 심을 씨앗, 경작할 땅, 항해할 바다, 측량할 산들, 정복할 사막들, 막을 강들, 채광할 광물들, 활용할 숲들과 이런 일들을 할 수 있는 하나님의 창조적인 아이디어들을 받을 수 있는 두뇌와 영을 맡기셨습니다.

우리 안에서 일하시는 하나님과 함께 우리는 그분이 우리의 영과 마음에 행하도록 하신 것은 무엇이든지 될 수 있고, 가질 수 있고, 행할 수 있습니다. 우리는 이 세상의 주인들이 되어야 마땅합니다.

예수님께서 "구하고, 찾고, 두드리라. 구하는 자마다 받으리라"(마 7:7-8)고 하신 말씀을 결코 잊지 마십시오.

얼마나 단순합니까! 당신이 정말로 원하는 것이라면, 구하고 찾고 문을 두드릴 만큼 진지하게 당신이 충분히 원한다면 당신은 그것을 얻게 될 것입니다.

예수님께서는 자기 딸을 고쳐달라고 강력하게 간구하며 포기하지 않은 한 여인에게 "네 원하는 대로 될지어다"(마 15:28)라고 말씀하셨습니다. 그리고 그 소녀는 치유되었습니다.

"또 여호와를 기뻐하라 그가 네 마음의 소원을 네게 이루어 주시리로다 … 진실로 악을 행하는 자들은 끊어질 것이나 여호와를 소망하는 자들은 땅을 차지하리로다 … 여호와를 바라고 그의 도를 지키라 그리하면 네가 땅을 차지하게 하실 것이라 악인이 끊어질 때에 네가 똑똑히 보리로다"(시 37:4,9,34).

당신의 가치를 확신하고 정말 삶에서 가장 좋은 것을 갈망한다면 당신을 위해서 모든 것은 충분히 많이 있습니다.

제 21 장

욕망의 제국

하나님께서 당신 안에서 당신을 통하여 존재하고 소유하고 행하도록 당신이 얼마나 허락하는지는 당신 자신과 하나님과 다른 사람들을 위하여 하나님의 가장 좋은 것이 되고 싶고, 가지고 싶고, 행하고 싶은 당신의 갈망의 강도에 달렸습니다.

다윗은 이렇게 말했습니다. "나의 영과 나의 육체가 살아계신 하나님을 향하여 부르짖나이다"(시 84:2).

"내 혼은 하나님을 향해 목이 마르며, 나의 육체는 하나님을 사모합니다"(시 63:1).

우리의 영은 하나님, 평안, 평화로운 조용함, 의미, 성취를 사모합니다.

우리의 육체는 하나님께서 우리를 위해 창조하신 물, 음식, 공기, 편안함, 성공, 부, 풍성함, 건강, 행복, 성취감 같은 육체적이고 물질적인 것을 갈망합니다.

이런 갈망들이 억압되고 우리에게 동기를 부여하지 않게 되면 우리는 목적이나 의미도 없이 무(無)와 공허함 가운데 죽을 것입니다.

어떤 작가는 "좋은 인생을 정말로 갈망하는 것은 정말로 그것을 위해 기도한다는 뜻이다"라고 말했습니다. 그것에 관해 알게 되면 당신은 그것을 위해 기도하고 믿을 것입니다.

일으켜 세워주는 능력

하나님께서 값을 주고 되사기 위해서 그렇게 많은 비용을 치른 것을 당신이 천하게 여기는 한, 하나님께서 당신을 일으켜 세워주는 데 치른 비용을 당신이 얕보는 한, 하나님께서 용서해 주기 위해 비싼 값을 치른 것을 당신이 정죄하는 한, 당신은 종교에 의해 억압받고 편협한 신앙의 짐 아래서 눌려 살게 될 것입니다.

예수 그리스도는 당신에게 자존감을 주시려고 오셨습니다.

자신들의 종교로 사람들을 깎아내리던 종교적인 사람들을 제외하고 그분은 어떤 사람도 깎아내린 적이 없습니다. 그분은 사람들을 일으켜 세워주고, 고쳐 주고, 회복시켜 주는 분이었습니다.

환경이 당신의 의지를 꺾어 버렸으면, 그분은 삶에 대한 당신의 믿음을 회복시켜 주기를 바라십니다.

당신이 가난하다면, 그분은 삶에서 좋은 것들이 당신을 위한 것이라는 것에 대한 소망과 믿음을 주기를 바라십니다.

당신의 가치나 잠재력이나 당신 주변에 있는 가능성들에 대해 당신이 눈이 멀었다면, 예수 그리스도께서는 당신이 풀 수 없다고 생각하던 문제들에 대한 12개도 넘는 해결책들을 볼 수 있도록 당신의 눈을 뜨게 해 주기를 바라십니다.

당신은 귀가 멀어서 인생의 해답들을 놓쳤을 수도 있지만, 주님께서 기적적으로 귀를 열어 주셔서 당신은 삶에서 가장 좋은 것이 무엇인지 들을 수 있게 될 것입니다.

당신은 실패와 모욕감에 싸여 사기가 저하되어 있을 수도 있습니다. 예수님은 당신 안에서 일어나셔서 당신이 삶에서 어깨를 펴고 걷도록 하여 이전에 당신이 실패했던 곳에서 성공하도록 하실 것입니다.

배짱 좋게 하십시오

엠 헨리M. Henry는 이렇게 경고했습니다. "우리의 소원들이 하나님의 섭리 아래 있지 않다면, 우리의 추구는 그분의 법칙에 제한 받지 않게 될 것입니다."

그러나 나는 이 원칙을 긍정적인 방법으로 표현하겠습니다.

우리의 욕망들이 하나님의 열망과 일치하게 된다면,
우리의 제국은 하나님의 영감으로 인하여 번창할 수 있습니다.

예수님은 "배고프고 목마른 사람들은 복이 있다. 그들이 채워질 것이기 때문이다"(마 5:6)라고 말씀하셨습니다.

그분은 배고픈 사람들을 좋은 것으로 채워주십니다(눅 1:53).

사도 베드로는 이렇게 질문하였습니다. "하나님과 우리 주 예수를 앎으로 은혜와 평강이 너희에게 더욱 많을지어다 그의 신기한 능력으로 생명과 경건에 속한 모든 것을 우리에게 주셨으니 이는 자기의 영광과 덕으로써 우리를 부르신 이를 앎으로 말미암음이라"(벧후 1:2-3).

당신 안에서 일하시는 하나님을 당신이 발견하게 되면 하나님의 열망은 당신의 것이 됩니다.

하나님 자신이 선택하신 목적을 위해서 그 의지[욕망, 열망, 동경, '네, 제가 원합니다']와 그 행위[욕망들을 행동으로 옮기는 능력]에 영감을 주시며, 당신 안에서 일하시는 분은 하나님이십니다(빌 2:13, NEB).

욕망의 근원

당신이 삶에 대한 하나님의 관점을 가지고 당신 안에서 일하시는 하나님을 인식하는 것을 실천할 때 하나님은 실제로 그분의 욕망들을 당신 안에 영원히 넣어 주십니다.

역대하 30:12(LB)은 말합니다. "백성들은 하나님의 최선과 하나님의 방법을 바라는 하나님이 주신 강한 욕망을 느꼈다."

에스겔 1:5(LB)은 말합니다. "하나님께서 지도자들에게 큰 욕망을 주었습니다. 그들은 바른 길로 돌아가서 하나님의 방법을 따라 살려고 하였습니다."

예레미야 2:17-18은 말합니다. "네 하나님 여호와가 너를 길로 인도할 때에 네가 그를 떠남으로 이를 자취함이 아니냐 네가 시홀의 물을 마시려고 애굽으로 가는 길에 있음은 어찌 됨이며 또 네가 그 강물을 마시려고 앗수르로 가는 길에 있음은 어찌 됨이냐."

좋은 것을 갈망하는 것은 당신을 통하여 하나님께서 갈망하고 있는 것입니다. 당신의 욕망이 하나님의 욕망입니다.

건강, 행복, 성공, 성취는 하나님의 아이디어입니다. 하나님께서 이것들과 이것들이 주는 엄청난 유익을 당신에게 주십니다. 그러나 하나님은 당신이 그것들을 욕망하기를 원하십니다.

"너희가 살도록 좋은 것을 갈망하라(구하라)"(암 5:14).

하나님은 말씀하십니다.

"나를 사랑하는 자들이 나의 사랑을 입으며 나를 간절히 찾는 자가 나를 만날 것이니라"(잠 8:17).

"부귀가 내게 있고 장구한 재물과 공의도 그러하니라 이는 나를 사랑하는 자가 재물을 얻어서 그 곳간에 채우게 하려 함이니라"(잠 8:18,21).

예수님께서는 한 맹인에게 물으셨습니다.

"예수께서 머물러 서서 그들을 불러 이르시되 너희에게 무엇을 하여 주기를 원하느냐 이르되 주여 우리의 눈 뜨기를 원하나이다 예수께서 불쌍히 여기사 그들의 눈을 만지시니 곧 보게 되어 그들이 예수를 따르니라"(마 20:32-34).

다윗은 이렇게 말했습니다.

"주께 힘을 얻고 그 마음에 시온의 대로가 있는 자는 복이 있나이다"(시 84:5).

자유롭게 된 새로운 당신 안에는 하나님의 제한 없는 욕망의 제국 안으로 들어가서 그것들을 당신의 것으로 만들고 싶어 하는 불타는 열망이 있습니다.

당신이 하나님의 삶의 관점을 가졌기 때문에 하나님의 가장 좋은 것을 차지하고자 하는 적극적인 결단을 하며 당신의 전 존재는 다음 단계의 성취를 위해 준비되어 있습니다.

제 4 부

구하십시오

하나님의 계획과 그분의 풍성한 공급에 대한 당신의 신뢰는 당신이 일어나서 한계를 거절하고 "나는 하나님의 최선을 구하여 그분의 최선이 될 것입니다."라고 말하게 합니다.

이것이 당신 안에서 일하는 믿음의 능력입니다.

오늘부터 당신은 이렇게 말합니다. "어떤 사람이나 귀신이나 종교나 체제도 나를 제한하거나 억압하거나, 정죄하거나 혼란스럽게 하거나, 판단하거나 남용하거나, 조종하거나 강요하지 못할 것이다."

당신이 결코 성취하지 못한 채 얼어붙는 일은 없을 것이라고 결단하십시오.

당신이 하나님의 최선을 구할 때에만 하나님은 당신을 통하여 그분의 꿈을 생산하실 수 있습니다. 좋은 인생은 당신을 위한 하나님의 아이디어입니다.

제 22 장

하나님의 가장 좋은 것을 구하기

긍정적인 욕망의 힘은 당신 안에서 역사하고 있습니다. 하나님을 믿는 사람들에 의하여 차지되어야 할 풍부한 영역이 있습니다. 그러나 이 왕국은 별을 바라보거나 막연하게 소원하는 것을 넘어서 오직 욕망의 추진력으로 추구할 때만 기업으로 받을 수 있습니다.

에너지는 방향과 초점이 없으면 소실됩니다. 당신의 집이 스케치와 계획과 청사진을 통해 충분히 꿈을 꾸는 단계를 넘어설 때가 있습니다. 결단을 내려야만 합니다. 계약서를 작성해야 합니다. 돈을 지불해야 합니다. 결정적인 행동을 취해야 합니다. 뛰어 들어야만 합니다. 모든 위험을 무릅쓰고 그것을 추구해야만 합니다.

예수님께서 어부들에게 "깊은 데로 가서 그물을 던져라(눅 5:4)."라고 하셨듯이 말입니다. 이제 당신이 이렇게 결단할 시간입니다. '나는 하나님의 최선을 소유해야만 합니다. 나는 그것을 구합니다. 그것은 좋은 것이며 바른 것입니다.'

당신이 구하는 것을 당신은 가질 자격이 있습니다

당신 안에 있는 무언가가 이렇게 말하고 있습니다. "오늘부터 어떤 사람이나 귀신이나 종교나 체계도 나를 억제하거나 제한하거나 정죄하거나 헷갈리게 하거나 판단하거나 남용하거나 조종하거나 강요하지 못할 것이다."

당신은 이렇게 말합니다.

> 하나님께서 나를 위해 창조하셨으므로 나는 하나님의 가장 좋은 것을 누릴 자격이 있습니다.
> 하나님께서 나에게 보내셨기에 나는 좋은 소식을 누릴 자격이 있습니다.
> 하나님께서 나를 위해 마련해 두셨으므로 나는 완전한 행복을 누릴 자격이 있습니다.
> 하나님께서 내 안에 계시므로 나는 활기찬 건강을 누릴 자격이 있습니다.
> 하나님의 선하심은 나를 둘러싸고 있으므로 나는 무한한 형통을 누릴 자격이 있습니다.
> 하나님께서 나를 용서해 주셨으므로 나는 참된 사랑을 누릴 자격이 있습니다.
> 하나님께서 나에게 영감을 주시므로 나는 긍정적으로 고양되어 있을 자격이 있습니다.

당신만을 위한 좋기만 한 것들

당신은 당신을 위해 하나님께서 창조하신 신나는 인생을 만지고 경험하기 시작하고 있습니다.

당신은 죽음이 아니라 삶을 위해 지음받았습니다.
당신은 질병이 아니라 건강을 위해 지음받았습니다.
당신은 실패가 아니라 성공을 위해 지음받았습니다.
당신은 혼란이 아니라 믿음을 위해 지음받았습니다.
당신은 두려움이 아니라 사랑을 위해 지음받았습니다.

당신은 하나님께서 그분이 어떤 분이신지와 그분이 창조하신 모든 좋은 것을 당신의 삶이 드러내기를 바라신다는 것을 발견하기 시작하였습니다.

당신은 예수님께서 하라고 하신 것을 하였습니다.

당신은 하나님의 왕국을 먼저 구하였습니다. 하나님의 계획은 그분의 사랑의 본부를 당신의 집에 세우는 것이라는 것을 발견하였습니다.

당신은 이 왕국에서 당신의 바른 위치를 찾았습니다. 당신은 하나님과 당신이 그분의 강력한 사랑의 계획에 동역자라는 것을 발견하였습니다.

당신은 이 모든 좋은 것들이 당신에게 더하여질 것이라는 그분의 약속을 받아들였습니다.

당신은 하나님께서 당신을 보듯이 자신을 보는 것을 배웠습니다.

당신은 하나님의 생명이 지금 당신 안에서 일하시는 것을 발견하였습니다.

당신은 하나님의 은혜의 경이를 발견하였습니다.

당신은 이렇게 확신하며 선언하는 것을 배웠습니다.

> 나는 하나님의 계획의 한 부분입니다.
> 나는 하나님의 꿈에 아주 중요합니다.
> 나는 하나님의 왕국의 중요한 도구입니다.
> 나는 하나님의 가족의 한 사람입니다.
> 나는 하나님의 사랑의 증거물입니다.
> 나는 하나님의 생명의 증거입니다.
> 나는 하나님의 몸의 형태입니다.
> 나는 하나님의 영의 성전입니다.
> 나는 하나님의 믿음의 표현입니다.
> 나는 하나님의 생명의 열매입니다.
> 나는 하나님의 계획의 행동입니다.
> 나는 하나님의 씨의 본입니다.

삶에 대한 당신의 전반적인 관점은 달라졌습니다.

당신은 이렇게 선언합니다.

> 하나님은 나를 만드셨습니다.
> 하나님은 나를 믿으십니다.
> 하나님은 나를 사랑하십니다.
> 하나님은 내 대신 값을 지불하셨습니다.
> 하나님은 결코 나를 포기하지 않으십니다.
> 하나님은 나를 위해 그분의 아들을 주셨습니다.
> 하나님은 나를 값 주고 되사셨습니다.
> 하나님은 나를 귀하게 여기십니다.

당신은 새로운 공기를 호흡하고 있습니다. 당신은 새로운 음악을 듣고 있습니다. 새 노래가 당신 안에 생겼습니다.

제 23 장

당신은 걸작품입니다

종교적인 부정적 사고에서 해방된 당신은 결정을 해야 합니다.

당신이 하나님의 사랑의 능력과 그분의 세워주는 프로그램에 헌신하였으므로 하나님께서 당신을 위해 계획하신 모든 것을 구하십시오.

미켈란젤로는 최소한 44개의 위대한 대리석 조각을 시작하였지만 그 중에 오직 14개만 끝마쳤습니다. 이탈리아 플로렌스의 거대한 다윗상, 로마의 바실리카의 피에타, 그의 기념비적인 모세상 같은 걸작들이 그것들입니다.

생각해 보십시오. 최소한 30개의 위대한 작품들이 미완성된 채로 남겨졌습니다. 다행스럽게도 부분적으로 조각이 된 거대한 대리석은 이탈리아의 박물관에 보존되어 있습니다. 어떤 작품은 손, 다리, 팔꿈치, 어깨, 발가락과 발만 보입니다. 그 예술가의 나머지 아이디어는 단단한 대리석 안에 갇혀 있으며, 영원히 갇혀서 그의 위대한 꿈으로 형상을 드러내지 못했습니다.

당신을 향한 하나님의 꿈은 어떻게 되었습니까?

당신은 결코 미완성 상태로 남아 있지 않게 될 것이라고 결단을 하십시오. 당신 안에 있는 재료는 최고입니다.

최고의 조각가가 그분의 기적의 손으로 당신을 만졌으며 당신을 통하여 그분 자신을 나타내려고 당신을 디자인하고 계십니다.

숨겨진 가능성들

인생에서 가장 큰 비극은 사람들이 살다가 죽을 때까지 자기 자신으로부터 나오지 않는 것 즉 그들 안에 숨겨진 가능성들을 결코 깨닫지 못하는 것입니다.

인생에서 가장 큰 승리는 사람들이 그리스도 안에서 자신들을 발견하는 것 즉 하나님께서 그들을 위하여 창조하신 풍성하고 행복한 삶을 발견하고 하나님으로 하여금 그들 안에서 무제한적인 삶을 완전히 개발하도록 허락하는 것입니다.

당신이 하나님께서 원하는 것을 원할 때에만 하나님은 당신을 통하여 그분의 꿈을 이루십니다.

"여호와 하나님은 해요 방패이시라 여호와께서 은혜와 영화를 주시며 정직하게 행하는 자에게 **좋은 것을** 아끼지 아니하실 것임이니이다"(시 84:11).

"사랑하는 자여 네 영혼이 잘됨 같이 네가 범사에 잘되고 강건하기를 내가 간구하노라"(요삼 1: 2).

"그가 사모하는 영혼에게 만족을 주시며 주린 영혼에게 좋은 것으로 채워주심이로다"(시 107:9).

강력한 아이디어들

성경에 있는 느헤미야의 이야기는 그들이 더 이상 가난과 위협과 굴종의 삶을 살지 않겠다고 결단하였을 때 하나님은 그들의 가슴에 하나님의 백성으로서의 자유, 풍족함, 안전, 존귀함 같은 하나님의 아이디어들을 두셨습니다.

이런 아이디어들이 그들에게 너무나 실제적이 되자 그들은 완전한 회복과 새롭게 확립되는 것을 구하게 되었습니다.

하나님의 영감을 받은 것들을 구하게 되자 그들은 원하던 것들을 얻게 되었습니다.

그들에게 어떤 일이 일어났는지 한 번 보십시오.

"그들이 견고한 성읍들과 기름진 땅을 점령하고 모든 아름다운 물건이 가득한 집과 판 우물과 포도원과 감람원과 허다한 과목을 차지하여 배불리 먹어 살찌고 주의 큰 복을 즐겼사오나"(느 9:25).

그들은 차별받던 국민으로 충분히 인내하며 살았습니다. 그들은 올라갔으며 그들은 승리했습니다.

하나님께서 말씀하신 것을 보고, 이것은 그들과 똑같이 당신을 위해서 성경에 기록되어 있다는 것을 기억하십시오.

"그들과 영원한 계약을 맺어 내가 다시는 그들을 떠나지 않고 그들에게 선한 일을 하며 또 그들에게 두려워하는 마음을 주어 그들이 나를 떠나지 않게 하겠다. 나는 그들을 위해 선을 행하는 것을 기뻐할 것이며 마음과 정성을 다하여 그들을 이 땅에 심을 것이다. 내가 이 백성에게 이 모든 재앙을 내린 것처럼 내가 약속한 온갖 좋은 것도 그들에게 주겠다. 그들은 이 곳이 사람이나 짐승이 살지 않는 황폐한 땅이 되어 바빌로니아 사람들의 손에 넘어갈 것이라고 말하고 있다. 그러나 이 땅에서 다시 밭을 사고 파는 일이 있을 것이다. 사람들은 밭을 사고 매매 계약서를 작성하여 봉하고 증인을 세울 것이다. 베냐민 땅과 예루살렘 주변 부락들과 유다의 성들과 산간 지대의 성들과 저지대의 성들과 네겝 지방에서 다 그렇게 할 것이다. 이것은 내가 포로 된 백성을 그들의 땅으로 돌아오게 할 것이기 때문이다. 이것은 나 여호와의 말이다"(렘 32:40-44, 현대인의 성경)

이것이 하나님께서 주시는 것을 당신이 구하기로 결단하였을 때 일어나는 일입니다. 그분의 계획에 당신이 결단하고 헌신하는 것이 열쇠입니다.

"네 길을 여호와께 맡기라 그를 의지하면 그가 이루시고"(시 37:5).

"도둑이 오는 것은 도둑질하고 죽이고 멸망시키려는 것뿐이요 내가 온 것은 양으로 생명을 얻게 하고 더 풍성히 얻게 하려는 것이라"(요 10:10).

"너희가 수치 대신에 보상을 배나 얻으며 능욕 대신에 몫으로 말미암아 즐거워할 것이라 그리하여 그들의 땅에서 갑절이나 얻고 영원한 기쁨이 있으리라 그들의 자손을 뭇 나라 가운데에, 그들의 후손을 만민 가운데에 알리리니 무릇 이를 보는 자가 그들은 여호와께 복 받은 자손이라 인정하리라"(사 61:7,9).

지금 땅을 상속하십시오

종교는 하나님의 축복들을 "영적인 것으로 만들어" 버립니다. 종교는 당신이 하늘에 갔을 때 부요하게 될 것이라고 약속합니다.

하나님이 원하는 것은 당신이 이 땅을 **지금** 상속하는 것입니다 (시 25:13, 37:9,11, 마 5:5). 하나님은 땅을 이생에서 당신을 위하여 사용하라고 창조하셨습니다.

목적이 있는 믿음

그분의 사랑을 나누기 위해서 우리는 그분의 생명이 필요합니다.

그분의 대사로 행동하기 위해서 우리는 그분의 능력이 필요합니다.

그분을 위해서 우리의 최선의 삶을 살기 위해 우리는 그분의 건강이 필요합니다.

그분의 프로그램을 재정적으로 후원하기 위해서 우리는 그분의 자원이 필요합니다.

남을 판단하지 않는 태도로 사람들을 섬기기 위해서 우리는 그분의 사랑이 필요합니다.

그분의 햇빛이 다른 사람들의 길에도 비치기 위하여 우리는 그분의 빛이 필요합니다.

우리가 그분의 입이고 우리만이 그분에게서 얻은 생명력을 나눌 수 있기 때문에 우리는 그분의 영감이 필요합니다.

우리는 그분의 이름으로 말하고 행동할 수 있도록 허락받았기 때문에 우리는 그분의 권세가 필요합니다.

우리는 부도덕하고 버림받은 세상에서 그분을 나타내기 때문에 우리는 그분의 기쁨과 열정이 필요합니다.

그분이 우리에게 그분의 계획을 맡기셨기 때문에 우리는 하나님이 창조하신 것이 필요합니다.

하나님은 그분의 계획에 우리가 필요하십니다

하나님께서 우리에게 맡기신 들판은 원시적이고 야생적이며 비옥합니다. 그러나 이 들판으로부터 유익을 얻으려면, 우리는 하나님의 아이디어와 법칙들을 사용하여 그것을 생산적인 들판으로 개발해야 합니다.

하나님께서 우리에게 주신 강들은 자유롭고 강력하게 흐르고 있습니다. 그러나 강들이 인류를 섬기도록 하기 위해서 우리는 하나님의 아이디어와 법칙들을 사용하여 강들을 길들이고 가두어 댐을 만들어 하나님께서 본디 만들어 놓으신 거대한 유익이 되도록 해야 합니다.

하나님께서 우리를 위해 만드신 산들은 강하고 거대하며 값으로 계산할 수 없습니다. 그러나 산들로부터 우리가 유익을 얻으려면, 산들이 지닌 인류를 위한 측량할 수 없는 부요함을 실제로 만들기 위해서 우리는 산들을 측량하고, 채굴하며, 탐험하고, 정복해야만 합니다.

우리가 우리의 감정을 통제하고, 우리의 무한한 잠재력을 인식하고, 하나님의 최고 좋은 것을 소유하려고 헌신하지 않으면 우리의 삶은 황무지 같고, 범람하는 강과 같으며, 정복되지 않은 산들과 똑같을 것입니다.

어떤 목사가 자신이 방문하고 있는 한 농부를 칭찬했습니다. 목사는 하나님께서 그 농부의 농장을 축복하셔서 풍성한 수확을 그와 그의 가족에게 주셨다는 것을 생각나게 해 주었습니다.

그 지혜로운 나이 든 신사는 이렇게 대답했습니다. "네, 목사님! 하나님께서 우리 농장을 축복해 주셨습니다. 그러나 하나님께서 혼자 이 농장을 가지고 계셨을 때의 모습이 어땠는지 목사님도 보셨어야만 합니다."

제 24 장
하나님의 손이 당신의 손입니다

제2차 세계대전 중에 프랑스에 있는 아름다운 예수님의 조각상이 훼손당했습니다. 그 마을 사람들은 그들의 교회를 사랑하였기에 부서진 조각들을 주워 모아 고쳐서 그들의 교회 앞에 세웠습니다. 그러나 그들은 손 부분은 끝까지 찾지 못했습니다.

그들 가운데 어떤 사람들이 이렇게 말했습니다. "손이 없는 우리 그리스도가 무슨 소용이 있습니까?"

이 말이 어떤 사람에게 한 아이디어를 주었고, 그는 동판에 이렇게 글을 새겨 그 조각품에 붙여 놓았습니다. "나는 너희 손 밖에는 손이 없다!"

어느 날 한 방문자가 그것을 보고 시를 한 편 지었습니다.

> I have no hands but your hands, to do my work today.
> 오늘 내 일을 하기 위해서 나는 네 손 밖에 없다.
> I have no feet but your feet, to lead folks on the way.
> 사람들을 길로 인도하기 위해서 나는 네 발 밖에 없다.

I have no tongue but your tongue, to tell folks how I died.
사람들에게 내가 죽었다는 것을 말하는 데 나는 네 혀 밖에 없다.
I have no help but your help, to bring folks to my side.
사람들을 내 곁으로 데리고 오는 데 나는 네 도움 밖에 없다.

하나님은 우리를 통해 일하십니다

　예수님은 우리를 통하여 사람들에게 팔을 뻗치고 하나님의 복을 주십니다. 우리는 그분의 몸입니다. 우리가 사는 공동체에서 그분의 일은 우리를 통해 표현되어야 합니다.

　그분은 이 일을 하도록 천사들을 보내지 않을 것입니다. 그분은 지금 당신과 나를 통해 기능하십니다. 우리가 다른 일에 너무 바쁘거나, 우리를 충분히 훌륭한 사람들로 생각하지 않거나, 개인적인 일이 더 중요하다고 여기거나, 시간이 없다고 생각한다면, 우리의 그리스도는 그 프랑스에 있던 대리석 조각상처럼 손이 없습니다.

발견의 날

　우리의 편협하고 제한된 종교적 개념들을 버리고, 데이지와 내가 폭풍 같은 도전을 하며, 과거를 떠나보내고 우리가 이 땅에서 하나님의 계획을 위임받았다는 것을 발견하였을 때 우리에게 일어난 변화를 나는 결코 잊을 수 없을 것입니다.

하나님께서 그분의 동역자로서 우리를 만드시고 그분의 거대한 왕국 사업을 위해 우리의 운명을 정하셨습니다.

그분의 계획을 발견한 사람들을 통하여 하나님이 하실 수 있는 일에는 한계가 없습니다.

그리스도께서는 눈먼 거지를 발견하시고 그에게 시력과 새로운 삶을 주셨습니다.

그분은 나병환자를 발견하시고 그를 깨끗하게 하시고 존엄성을 찾아 주셨습니다.

그분은 귀신들린 여자를 발견하시고 그녀를 그분의 소식을 전하는 사람으로 만드셨습니다.

그분은 정신병으로 벌거벗고 사는 한 남자를 발견하시고 그를 데가볼리Decapolis 열 개의 도시에 그분의 대리자로 만드셨습니다.

그분은 두 시골 청년인 티 엘 오스본과 데이지 워시번을 발견하시고 80개국 이상의 수백만 명의 사람들에게 보내셨습니다.

그분은 당신을 발견하셨으니, 그분은 당신 안에 있는 가장 좋은 잠재력을 개발하실 것입니다.

오늘은 당신을 위한 날입니다

"여호와의 산에 오를 자가 누구며 그의 거룩한 곳에 설 자가 누구인가 곧 손이 깨끗하며 마음이 청결하며 뜻을 허탄한 데에 두지 아니하며 거짓 맹세하지 아니하는 자로다 그는 여호와께 복을 받고 구원의 하나님께 의를 얻으리니 이는 여호와를 찾는 족속이요 야곱의 하나님의 얼굴을 구하는 자로다"(시 24:3-6).

하나님이 우리에게 원하는 모든 것은 우리가 그분이 원하는 것을 원하는 것입니다. 그 다음에는 우리가 그분의 계획을 믿고 그분을 믿는 믿음을 가지는 것입니다.

훌륭한 노신사 한 분이 오클라호마 털사에 있는 우리 사무실로 데이지와 나를 만나러 휠체어를 타고 오셨습니다. 그분은 교도소와 수감 시설들을 찾아다니며 수백 명의 영혼을 구원하는 집회를 하셨습니다.

그분이 원하는 것이 무엇이었는지 아십니까? 저의 전도집회를 녹화한 필름들과 그것을 보여줄 수 있는 영사기였습니다. 그분은 아메리카를 횡단하면서 이 기록물을 보여주고 그들에게 예수님에 대해 말해 주려고 떠나려고 하고 있었습니다. 신학자도 아니었지만 그분은 삶에 대한 하나님의 아이디어를 가지고 있었습니다.

그분은 이렇게 말했습니다. "나는 죽을 수 없습니다. 나는 죽을 수 없어요. 나는 할 일이 너무나 많습니다. 너무나 많은 잃어버린 영혼들에게 예수님이 필요하므로 나는 가서 그들에게 복음을 전해야만 합니다." 98세의 나이에 데이비드 싸이저David Sizer는 자신이 죽을 때가 되었다고 생각하지 않았습니다.

너무 늙은 사람이나 너무 젊은 사람은 없습니다. 나는 열두 살에 구원받고 열다섯에 설교하기 시작했으며, 열여덟에 결혼하여 스물한 살에 인도 선교사가 되었습니다. 오늘은 당신의 날입니다.

이기는 팀

당신이 하나님의 계획에 헌신하게 되면, 최고의 예술가가 당신의 가장 좋은 잠재력이 완전히 발견될 때까지 당신을 조각할 것입니다.

당신은 하나님이 당신을 보시듯이 자신을 봅니다. 당신은 자신 안에 있는 무한한 가능성을 봅니다. 어떤 것도 하나님과 당신을 멈추게 할 수 없습니다.

하나님은 당신이 행복하고 형통하며 건강하고 풍성한 삶을 살 수 있도록 모든 것을 공급하십니다. "다 너희 것이요 너희는 그리스도의 것이요 그리스도는 하나님의 것이니라"(고전 3:22-23).

당신이 하나님의 계획을 믿으면, 당신은 당신이 원하고 구한 것은 무엇이든지 가질 수 있습니다.

"예수께서 이르시되 할 수 있거든이 무슨 말이냐 믿는 자에게는 능히 하지 못할 일이 없느니라 하시니"(막 9:23).

"악인에게는 그의 두려워하는 것이 임하거니와 의인은 그 원하는 것이 이루어지느니라"(잠 10:24).

"또 여호와를 기뻐하라 그가 네 마음의 소원을 네게 이루어 주시리로다"(시 37:4).

하나님의 자녀들로서 우리는 평범한 무명인으로 만들어지지 않았습니다.

"자녀이면 또한 상속자 곧 하나님의 상속자요 그리스도와 함께 한 상속자니 우리가 그와 함께 영광을 받기 위하여 고난도 함께 받아야 할 것이니라"(롬 8:17).

"내 사랑하는 형제들아 들을지어다 하나님이 세상에서 가난한 자를 택하사 믿음에 부요하게 하시고 또 자기를 사랑하는 자들에게 약속하신 나라를 상속으로 받게 하지 아니하셨느냐"(약 2:5).

우리는 우리 안에 계신 하나님이 어떤 분인지와 똑같이 그런 사람입니다. 우리는 하나님께서 우리에게 허용하신 것을 구합니다.

"이로써 사랑이 우리에게 온전히 이루어진 것은 우리로 심판 날에 담대함을 가지게 하려 함이니 주께서 그러하심과 같이 우리도 이 세상에서 그러하니라"(요일 4:17).

제 25 장

욕망을 기도하기

하나님과 함께 당신이 최고 좋은 당신이 되려고 하나님의 축복을 원하고 구하는 원리는 당신의 믿음에 필수적인 것입니다.

어떤 것을 믿는 것To believe for something은 그것을 원하는 것입니다. 어떤 것을 믿는 믿음을 갖는 것To have faith for something은 그것을 구하는 것입니다.

기도는 우리가 믿음을 가지고 우리의 욕망을 하나님께로 향하게 하는 것입니다.

나는 긍정적인 욕망의 힘을 곰곰이 생각하면서 기도로 표현하여 이렇게 시를 지었습니다.

> Prepare your heart by picturing God's abundant blessing.
> 하나님의 풍성한 축복을 그리며 당신의 심령을 준비하십시오.
> Require these blessings by reaching out for them.
> 그 축복을 추구함으로써 이런 축복을 구하십시오.

Accept God's ideas by claiming his best.
하나님의 가장 좋은 것을 주장함으로써 하나님의 아이디어를 받아들이십시오.
Yield your taboos by saying "YES" to God's dream.
하나님의 꿈에 "네"하고 말함으로써 당신이 터부시하던 것들을 포기하십시오.
Empty yourself of negative influence by accepting his unlimited supply.
그분의 제한 없는 공급을 받아들임으로써 당신 안에 부정적인 영향을 받았던 것을 없애십시오.
Receive his blessings by relating yourself to his plan.
자신을 하나님의 계획에 연결함으로써 하나님의 축복을 받으십시오.

이제 당신은 그러한 기도를 하나님의 영광을 위한 승리의 증언들로 바꿀 수 있습니다.

P – I have **Power** because His presence is in me.
하나님의 임재가 내 안에 있기 때문에 나는 능력이 있습니다.
R – I am **Rich** because his resources are at my disposal.
하나님의 자원을 내 마음대로 사용할 수 있기 때문에 나는 부요합니다.
A – I have **All** I need because His is at work in me.
하나님이 내 안에서 일하시기 때문에 내게 필요한 모든 것을 나는 가지고 있습니다.
Y – I say "**Yes**" to all of God's dreams because I am part of his plan.
나는 하나님의 계획의 한 부분이기 때문에 하나님의 모든 꿈에 대하여 나는 "네"라고 합니다.

E - I have **Energy** because he is invigo-rating me from within.
하나님께서 내 안에서 활력을 주시기 때문에 나는 에너지가 있습니다.
R - I am **Renewed** because I am alive with his life and I share his purpose.
하나님의 생명으로 살면서 하나님의 목적을 공유하기 때문에 나는 새롭게 되었습니다.

하나님의 라이프스타일을 즐기십시오.
하나님을 믿는 것은 좋은 것을 믿는 것입니다.
하나님은 당신의 인생에 좋은 것들이 풍성하기를 원하십니다. 하나님을 그분의 좋은 인생과 분리하려고 하지 마십시오.
당신이 형통하고, 좋아하는 좋은 집에 살면서, 좋은 차를 타고, 당신이 기뻐하는 어떤 좋은 것을 가지며, 당신이 취할 수 있도록 두신 물질적 축복을 원하고 구하는 것은 당신의 권리입니다.
하나님과 동행하는 사람답게 당신의 옷이 당신에게 잘 어울리고, 당신이 형통하고, 당신의 가족이 좋은 삶을 사는 것은 당신의 권리입니다.

구하고 그에 대한 믿음을 가지십시오

하나님의 가장 좋은 것을 구하는 것은 당신이 그분의 가장 좋은 것에 대해 믿음이 있다는 뜻입니다.

"믿음은 들음에서 나며 들음은 그리스도의 말씀으로 말미암았느니라…"(롬 10:17)

하나님의 말씀은 당신을 위한 그분의 계획과 그분의 약속과 그분의 공급을 당신에게 알려줍니다. 당신이 완전한 성공과 행복과 건강한 삶을 살고 그런 삶을 다른 사람들과 함께 나누기 위해서 당신이 원하고 구하는 모든 좋은 것을 하나님은 약속하셨습니다.

제 26 장

하나님이 원하시는 것을 구하십시오

과거의 종교적인 터부로부터 당신 안에 있는 하나님의 영을 자유롭게 하여, 그분의 영광을 위해 당신이 욕망의 날개를 펴서 그 욕망의 수준까지 올라가도록 하기 위해 나는 이 책을 썼습니다.

자유

자유를 구하십시오. 하나님께서 당신을 한계가 없는 위대함과 완전한 행복한 존재로 만드셨다는 것을 당신이 발견하는 순간 자유는 당신 안에 있습니다. 옛날의 생각과 제약을 떠나 보내십시오. 당신 자신의 새로운 꿈을 꾸며 새로운 목표들을 성취하기 위해 자신을 풀어놓기만 하면 당신의 영과 마음은 한계가 없습니다.

하나님은 당신을 위해서 자유를 주셨고 자유는 당신을 위해 존재합니다.

자유에 대한 당신의 욕망은 당신 안에서 일하시는 하나님의 욕망이므로 유일무이하고 놀라운 당신은 하나님을 나타내는 사람으로서 어떤 것도 당신의 발목을 잡을 수 없고, 제한이 없으며, 당신 안에 있는 잠재력에는 거칠 것이 없습니다.

오늘부터 하나님의 가능성들을 탐구하는 하나님의 자유에 대한 새로운 느낌이 당신 안에서 날개를 펼칠 것입니다.

부요함

부를 구하십시오. 하나님이 누구신지를 알고 그분이 당신 안에 살고 있다는 것을 발견하는 순간 부요함은 당신 안에 존재합니다. 에이커 정도 되는 다이아몬드가 바로 당신의 땅에 있습니다. 당신 안에 갇혀 있었던 그 부요한 보물을 발견할 때까지 땅을 파십시오. 그 보물이 당신을 위해서 당신의 인생에서 가장 좋은 것을 생산해 내도록 자유케 하십시오.

하나님은 당신이 부요하도록 창조하셨고 부는 당신을 위해 창조되었습니다.

부요함을 향한 당신의 욕망은 당신 안에서 일하시는 하나님의 욕망이므로 하나님의 계획은 이 땅에서 당신을 통해서만 성취될 수 있습니다.

오늘부터 하나님의 부가 당신의 삶에서 번성하게 될 것입니다.

능력

능력을 구하십시오. 예수님이 당신 안에 있고 당신 안에서 하나님의 성령이 어떤 능력을 가지고 있는지 당신이 발견하는 순간 새로운 아이디어의 기적적인 힘과 당신이 가지고 있는 꿈들은 하나님이 세우신 성공의 법칙을 적용하는 대로 움직이기 시작합니다.

하나님은 당신을 위해 능력을 창조하셨고 능력은 당신을 위해 창조되었습니다.

능력에 대한 당신의 욕망은 하나님의 욕망이며 하나님의 능력은 당신이 하나님의 일을 하도록 당신 안에서 당신을 통하여 나타나게 될 것입니다.

오늘부터 새로운 능력이 당신의 삶에 분명해질 것입니다.

건강

건강을 구하십시오. 예수 그리스도께서 하나님의 풍성한 삶을 당신에게 가져오셨으며 그 안에는 어떤 질병도 없으며 어떤 병이나 연약함도 당신에게 속한 것이 아니며, 당신의 몸은 성령님이 살고 있는 지성소라는 것을 발견하는 순간 건강은 당신 안에 있습니다.

하나님은 당신을 건강하도록 창조하셨으며 건강은 당신을 위해 창조되었습니다.

건강을 바라는 당신의 욕망은 그분을 대표하는 몸으로서 당신 안에 있는 생명과 건강을 향한 하나님의 욕망입니다.

오늘부터 새로운 건강이 당신의 육체 안에 나타나게 될 것입니다.

안전

안전을 구하십시오. 하나님은 당신 집 안에 사시며, 하나님을 경외하는 하나님의 천사들이 집을 둘러싸고 있으며, 당신 안에 계신 분이 세상에 있는 자보다 크다는 것을 발견하는 순간 안전은 당신 안에 있습니다.

하나님은 안전을 위해 당신을 창조하셨으며 안전은 당신을 위해 창조되었습니다.

안전을 향한 당신의 욕망은 하나님의 신실함과 능력과 임재와 당신과 함께 하심을 증명하는 당신 안에 있는 하나님의 욕망입니다.

오늘부터 하나님의 안전에 대한 새로운 의식이 당신을 채울 것입니다.

기쁨

기쁨을 구하십시오. 하나님과 화목케 되는 놀라움과 이 세상의 모든 아름다움과 좋은 것은 당신을 위해 창조되었으며, 당신은 행복하고 기쁘고 신나는 삶을 살도록 만들어졌다는 것을 당신이 발견하는 순간 기쁨은 당신 안에 있습니다.

하나님은 당신을 위해 기쁨을 창조하셨으며, 기쁨의 근원들을 창조하셨습니다.

기쁨을 바라는 당신의 욕망은 완전한 만족을 위한 당신 안에 있는 하나님의 욕망입니다.

오늘부터 황홀함에 대한 새로운 자각과 삶의 기쁨이 당신 안에 있을 것입니다.

성취

성취를 구하십시오. 하나님은 당신 안에서 일하고 계시며, 하나님과 사람에게 좋은 것인 당신 심령에 들어온 어떤 것도 이룰 수 있는 능력과 의지에 힘을 공급해 주시는 분이라는 것을 당신이 발견하는 순간 성취는 당신 안에 있습니다.

하나님은 당신이 성취하도록 창조하셨으며 당신을 위해 성취의 법칙들을 창조하셨습니다.

성취를 바라는 당신의 욕망은 당신을 통하여 성공하려는 당신 안에 있는 하나님의 욕망입니다.

오늘부터 당신은 하나님께서 당신의 심령에 두신 꿈들을 성취할 것입니다.

믿음

믿음을 구하십시오. 하나님의 계획이 무엇인지, 그분의 약속들이 무엇인지, 당신 안에 있는 그분의 말씀은 한 번 좋은 땅에 심겨지면 같은 종류의 열매를 맺는 좋은 씨앗과 같다는 것을 당신이 발견하는 순간 믿음은 당신 안에 있습니다.

하나님은 믿음을 위해 당신을 창조하셨고 믿음은 당신을 위한 것입니다.

믿음에 대한 당신의 욕망은 당신이 믿음을 가지기 원하는 하나님의 욕망이며, 하나님은 그분의 약속의 말씀으로 당신 안에 믿음을 창조하심으로써 당신이 기적의 인생을 살면서 경험할 수 있게 하십니다.

오늘부터 새로운 믿음이 당신 안에서 꽃피게 될 것입니다.

생명

생명을 구하십시오. 예수님께서 당신의 모든 죄를 담당하셨으므로 당신이 그분을 믿으면 그분은 당신 안에 들어오셔서 살면서 하나님의 생명을 당신에게 다시 부여하실 수 있다는 것을 당신이 발견하는 순간 생명은 당신 안에 있습니다.

하나님은 생명을 위해 당신을 창조하셨으며 생명은 당신을 위해 창조되었습니다.

당신의 생명에 대한 욕망은 그분의 능력과 그분의 새로운 피조물로서 당신을 통하여 쏟아 붓는 풍성한 삶에 대한 당신 안에 있는 하나님의 욕망입니다.

오늘부터 하나님의 생명과 그분의 라이프스타일은 당신의 것이 될 것입니다.

힘

힘을 구하십시오. 예수 그리스도의 힘이 당신 안에서 일하고 있으며 성령님의 거절할 수 없는 능력이 당신 안에서 당신을 통하여 역사하고 있다는 것을 당신이 발견하는 순간 힘은 당신 안에 있습니다.

하나님은 힘을 위해 당신을 창조하셨으며 힘은 당신을 위해 창조되었습니다.

힘을 향한 당신의 욕망은 하나님의 능력이 당신 안에서 나타나서 그분의 꿈을 이루도록 하는 당신 안에 있는 하나님의 욕망입니다.

오늘부터 새 힘이 당신의 삶을 구비시켜 줄 것입니다.

좋은 몸

좋은 몸을 구하십시오. 당신의 몸은 성령님의 지성소이며 예수 그리스도의 모습이므로 당신이 그분의 왕의 위엄을 나타내며,

그 몸으로 무엇을 할 것이며, 무엇을 얼마만큼 먹을 것이며, 운동하여 적절한 몸을 유지하는 것과 하나님의 자녀로서 어떻게 옷을 차려 입을 것인가에 대해서는 당신만이 자신의 몸을 완전히 통제하고 있다는 것을 발견하는 순간 좋은 몸은 당신 안에서 발전합니다.

당신은 좋은 몸을 위해 창조되었으며, 좋은 몸의 형태는 당신을 위한 그분의 디자인이었습니다.

좋은 몸에 대한 당신의 욕망은 그분의 지성소로서 당신의 몸 안에서 그분의 가장 좋은 형태를 띠고자 하는 당신 안에 있는 하나님의 욕망입니다.

오늘부터 그분의 영광을 위하여 멋있는 모양을 하고 좋은 몸을 유지하려고 하는 새로운 결단이 당신에게 동기를 부여할 것입니다.

좋은 표정

좋은 표정을 구하십시오. 예수님이 당신의 진짜 생명이며 당신의 몸은 그분의 것이므로, 당신은 그분의 평안과 행복과 기쁨과 긍정적인 것과 기민한 것과 순결함과 사랑과 기쁨과 만족을 표현한다는 것을 당신이 발견하는 순간 당신의 얼굴과 자세와 눈빛과 행동을 통해서 표현되는 질적인 것이 표정입니다.

당신은 보기 좋게 창조되었으며, 좋은 표정을 나타내는 왕의 인격은 당신을 위해 창조되었습니다.

좋은 표정을 원하는 당신의 욕망은 당신의 안색과 행동과 태도를 통해서 하나님의 자녀의 품위와 질을 나타내려는 당신 안에 있는 하나님의 욕망입니다.

오늘부터 당신의 새로운 겉으로 보이는 모습과 하나님을 나타내는 모습은 하나님을 대표하는 자로서 새로운 좋은 표정을 만들어 낼 것입니다.

성공

성공을 구하십시오. 당신은 하나님께 연결되어 있으며, 이기는 자이며, 성공에 대한 당신의 아이디어의 원천과 문제 해결 능력과 지속하는 힘과 성취하는 당신의 힘은 모두 다 당신 안에서 일하는 그리스도의 표현이라는 것을 당신이 발견하는 순간 성공은 당신 안에 있습니다.

당신은 성공을 위해 창조되었으며 성공은 당신을 위해 창조되었고 당신의 것입니다.

성공을 향한 당신의 욕망은 그분의 새로운 피조물이 성공하며 이기며 탁월하기를 바라는 당신 안에 있는 하나님의 욕망입니다.

오늘부터 당신은 실패를 그치고 성공하기 시작할 것입니다.

고요함

　고요함과 평안을 구하십시오. 예수 그리스도가 당신의 평안이라는 것을 당신이 발견하는 순간 고요함과 평안은 당신 안에 있습니다. 당신 자리에서 그분이 모든 것을 담당하셨기 때문에 그곳에는 정죄에 대한 두려움이나 당신이 지은 죄에 대한 어떤 죄의식이나 심판이 있을 수 없습니다. 당신의 내부는 평안합니다. 고요함이 당신을 다스립니다.
　당신은 평안을 위해 창조되었으며 평안은 당신을 위해 창조된 영역입니다.
　이런 평안에 대한 당신의 욕망은 하나님의 평안이 당신의 삶에 넘쳐 들어옴으로 어떤 죄의식이나 정죄나 심판이 하나님과 당신이 다시 함께 한 그 조화를 위협하거나 망치지 않도록 당신 안에서 역사하는 하나님의 욕망입니다.
　오늘부터 당신은 완전한 평안을 경험할 것입니다.

용기

　용기를 구하십시오. 당신 안에 있는 하나님의 아이디어들은 모든 성취를 위한 가장 좋은 것이므로 당신 안에서 일하시는 하나님은 당신이 어떤 일도 할 수 있게 하시며, 하나님이 당신 편이시기 때문에 당신은 어떤 전투에도 도전할 수 있다는 것을 당신이 발견하는 순간 용기는 당신 안에 있습니다.

당신은 용기를 위해 창조되었으며, 용기의 힘은 당신을 위해 창조되었습니다.

용기에 대한 당신의 욕망은 그분을 대표하는 자로서 매일 그분의 임재와 당신 안에서 일하고 있는 그분의 능력을 알기 원하는 당신 안에 있는 하나님의 욕망입니다.

오늘부터 당신은 용감한 신자가 될 것입니다.

사랑

사랑을 구하십시오. 하나님은 사랑이며 사랑이신 하나님이 당신을 창조하셨으므로 당신은 사랑의 산물이며, 당신은 사랑하도록 만들어졌으며, 사랑은 당신의 영역이라는 것을 당신이 발견하는 순간 사랑은 당신 안에 있습니다.

당신은 사랑을 위해 창조되었으며, 사랑은 당신을 위해 존재합니다.

사랑에 대한 당신의 욕망은 그분의 사랑이 당신을 통해 흘러서 누구든지 세워주고 복을 줌으로 그분이 당신 안에 살고 있음을 증거하기 바라는 당신 안에 있는 하나님의 욕망입니다.

오늘부터 하나님의 새롭고 판단하지 않는 사랑이 당신의 삶을 지배하기 시작하여 당신을 통해 다른 사람들에게로 흘러 나갈 것입니다.

행복한 결혼

행복한 결혼을 구하십시오. 하나님은 함께 완전한 팀을 이루도록 남자와 여자를 창조하셨으므로 당신 안에 있는 하나님의 사랑으로 결혼을 통해 하나가 된 두 사람의 동지애는 행복하고, 복 받은 관계와 생산을 위한 거룩한 기쁨을 나눔으로써 평생의 우정과 성취를 이룰 수 있다는 것을 당신이 발견하는 순간 행복한 결혼은 당신 안에 있습니다.

당신은 결혼 생활에서 행복하도록 창조되었으며, 결혼 생활에서 사랑의 조화와 행복은 당신을 위해 창조되었습니다.

행복한 결혼에 대한 당신의 욕망은 그분이 창조하신 각 남녀가 조화롭고 아름다운 관계를 가지기 바라는 당신 안에 있는 하나님의 욕망입니다.

오늘부터 당신의 결혼 생활은 새롭고 더 풍성하고 더 행복한 동반자의 왕관을 쓰게 될 것입니다.

친구들

친구들을 구하십시오. 각 사람은 하나님이 이 땅 위에서 어떤 분인지에 대한 잠재 능력을 가진 하나님의 피조물이므로, 이 사실이 당신으로 하여금 사람들과 객관적으로 관계하게 하고, 다른 사람들 안에 잠재한 선하고, 사랑스럽고, 생산적이며, 덕이 있는 모든 것을 찾아 개발하도록 하게 할 때 친구를 가지는 능력은 당신 안에서 샘솟게 됩니다.

당신은 친구들을 위하여 창조되었으며, 친구들은 당신을 위해 창조되었습니다.

친구들을 가지기 바라는 당신의 욕망은 하나님께서 창조하신 다른 사람들과 함께 하며 교제함으로써 그분의 선하심이 증가되어 땅 위에서 그분의 뜻을 행하고 있는 그분의 자녀들을 통해 그분의 왕국이 번영하기를 바라는 당신 안에 있는 하나님의 욕망입니다.

오늘부터 당신은 사람들을 새로운 관점에서 보게 되고 당신의 삶을 나누기 시작함으로써 새롭고 깊은 우정을 얻게 될 것입니다.

존중

존중을 구하십시오. 당신 안에 그분의 무한한 자원들, 아이디어들, 능력들, 매력들과 가치들을 가진 하나님의 자녀로서의 자기 가치와 자존심을 당신이 발견하는 순간 존중은 당신 안에 있습니다.

이런 덕들을 확인하게 되면, 당신의 처신과 자세와 겉모습과 행동은 다른 사람들을 최고로 존중해 주도록 당신에게 동기를 부여하게 됩니다.

당신은 존중받도록 창조되었으며, 하나님의 존귀함의 질과 고상함이 당신 안에 있습니다.

존중받고자 하는 당신의 욕망은 이 땅 위에서 그분의 계획을 이루기 위해 그분이 받아야 하는 존경과 존귀함과 인정을 바라는 당신 안에 있는 하나님의 욕망입니다.

오늘부터 하나님을 대표하는 자로서의 능력 안에서 당신이 행동할 때 당신에 대한 새로운 존중은 명백해질 것입니다.

에너지

에너지를 구하십시오. 당신에게 꿈과 고상한 야망과 영감을 주며 힘을 공급하는 영향력과 하나님의 생명의 원천이 당신 안에서 일하고 있다는 것을 발견하는 순간 에너지는 당신 안에 있습니다. 이런 덕들은 당신이 생기와 역동적인 낙관주의로 전진하도록 당신 안에서 열정을 샘솟게 하는 힘을 개발해 냅니다.

당신은 에너지를 위해 창조되었으며, 에너지는 당신을 위해 창조되었습니다.

영향력에 대한 당신의 욕망은 하나님께서 그분의 자녀들을 위해 창조하신 이 세상을 하나님의 자녀들이 일어나 다스리며 정복하기를 보기 원하는 당신 안에 있는 하나님의 욕망입니다. 그분의 계획이 승리해야 하며 그분은 이 계획을 완전히 인류에게 맡기셨습니다.

오늘부터 당신은 이 땅 위에서 하나님의 도구로서 당신의 자리를 차지할 것이며, 당신의 세상에서 새로운 선한 영향력을 행사하기 시작할 것입니다.

권세

권세를 구하십시오. 당신이 이 땅위에서 하늘나라를 대표하는 자이며, 하나님의 아이디어와 비밀과 해결책들과 법칙들이 어떤 상황에서든지 적용되도록 하는 책임이 당신에게 있으며, 하나님의 눈에 당신이 어떤 사람이며, 하나님께서 당신을 어떤 자로, 무엇을 가지고 있고, 무엇을 할 수 있게 만드셨는지를 당신이 발견하는 순간 권세는 당신 안에 있습니다.

당신은 권세를 위해 창조되었으며, 권세의 법칙들은 당신을 위해 창조되었습니다.

권세에 대한 당신의 욕망은 하나님의 자유와 성공과 건강과 행복의 법을 당신 안에서 실행하기 원하는 하나님의 욕망이며, 하나님의 자녀로서 이 땅 위에서 하나님과 하나님의 영역을 대표하며 사탄의 지배를 거절하는 것은 당신 안에 있는 하나님의 욕망입니다.

오늘부터 당신은 당신이 누구인지와, 부정적인 세력을 다스리는 당신의 권리를 사용하는 것과, 하나님이 주신 당신의 권세를 소유하는 것을 인식하기를 연습하기 시작할 것입니다.

영감

영감을 구하십시오. 당신의 얼굴에 미소를 띠게 하고, 당신의 눈이 빛나게 하며, 당신의 걸음에 탄력을 주고, 당신의 행동에 낙천주의를 더해 주는 당신 안에 있는 예수의 생명의 권위 있는 생동감을 당신이 발견하는 순간 영감은 당신 안에 있습니다. 당신 주변에 있는 모든 사람들은 당신으로부터 영감을 받을 것입니다.

당신은 다른 사람들에게 영감을 주도록 창조되었으며, 영감을 위한 요소들과 덕들은 당신을 위해 창조되었습니다.

다른 사람에게 영감을 주고 싶어 하는 당신의 욕망은 하나님을 대표하는 자로서 당신이 매우 행복하고, 평안하며, 객관적이고, 단호하고, 집요하며, 성공적이고, 관대해지려는 당신 안에 있는 하나님의 욕망입니다. 당신을 만나는 모든 사람들은 그로 인해 더 높은 목적과 더 높은 라이프스타일에 대한 동기를 부여받을 것입니다.

오늘부터 당신은 주변에 있는 사람들에게 영감을 주고 당신의 세계를 발전시키는 신선한 능력을 경험하게 될 것입니다.

실재

실재를 구하십시오. 하나님이 당신을 사랑하셔서 그의 아들을 보내셔서 당신을 구원하셨으며, 당신의 죄와 연약함과 질병을 짊어지셨으며, 당신이 전혀 죄를 지은 적이 없는 것처럼 그분이 당신의 죄를 담당하시고 심판을 받으심으로 당신을 속량하셨으며, 그 결과 당신의 새로운 생명과 건강과 행복과 성취는 마치 당신이 2+2=4라는 것을 아는 것같이 실재가 되었다는 것을 당신이 발견하는 순간 실재는 당신 안에 있습니다.

당신은 실재를 위해 창조되었으며, 실재를 위한 실체는 당신을 위해 창조되었습니다.

실재를 위한 당신의 욕망은 당신이 믿고 소유하고 있는 것은 종교나 미신이나 인본주의나 심령과학이 아니라는 것을 온 세상에 알리고 싶어 하는 당신 안에 있는 하나님의 욕망입니다. 하나님은 실제로 존재하시며, 그분의 세계는 흠이 없으며, 그분의 약속은 확실하고, 그분의 법은 역사하며, 속량은 사실이며, 그분의 생명은 실제적이며, 그 생명은 믿는 사람에게 들어와 평안과 건강과 성공과 행복으로 바뀐다는 것을 당신은 믿습니다.

오늘부터 당신 안에서 역사하는 하나님의 생명과 본성과 법들은 이전보다 더 큰 실새가 될 것입니다.

제 27 장
욕망의 힘은 믿음의 힘입니다

당신 속으로부터 일어서서 부정하는 한계에 대항하여 "나는 그분의 가장 좋은 것을 구함으로써 그분의 가장 좋은 사람이 될 것이다"라고 말하도록 하는 것은 그분의 계획과 그분의 풍성한 공급에 대한 당신의 신뢰입니다. 이런 믿음의 힘이 당신 안에서 역사합니다.

성경은 "하나님께 나오는 사람은 누구나 반드시 믿어야 한다"(히 11:6)고 말씀하고 있습니다.

예수님은 말씀하셨습니다. "하나님을 믿으라"(막 11:22).

바울도 말했습니다. "믿음이 없이는 하나님을 기쁘시게 할 수 없다"(히 11:6).

믿음이란, 당신이 그분을 보거나 느낄 수 없을 때에도 당신 자신을 하나님과 연결시키는 것을 의미합니다. 믿음이란, 당신이 그분의 약속들을 믿으며, 기도하며, 아무도 설명할 수 없는 방법으로 그 응답을 받는 것입니다.

첫째 – 믿음은 당신의 작음을 하나님의 위대함에 연결하는 것을 의미합니다

해와 달과 별들을 만드신 하나님, 새들과 꽃들을 만드신 하나님, 바로 그 하나님께서 당신을 만드셨으며, 그분은 바로 지금 당신을 축복하기 위해 손을 내밀기 원하십니다.

그러므로 당신의 작음을 하나님의 위대함에 연결하십시오. 그분이 들의 백합꽃들을 입히신다면 그분은 당신을 돌보십니다.

예수님께서 어린이들을 팔로 안고 축복하고 고치신 것은 그분의 눈에는 하찮은 사람이 아무도 없다는 것을 가르쳐 주시려고 하신 것이라고 나는 생각합니다.

종교는 주님 앞에서 당신을 무가치하며 중요하지 않은 존재로 느끼게 할지라도, 당신은 당신의 작음을 그분의 위대함에 연결하고, 그분이 당신을 매우 귀하게 여기신다는 것을 믿으며, 당신의 삶에서 그분의 가장 좋은 것을 구하고 요구하십시오.

그분의 독생자라는 최고의 값을 지불하셨다는 것을 기억하십시오. "하찮은 사람"을 위해 그런 값을 지불하지는 않았을 것입니다. 당신에 대한 그분의 사랑을 증명하기 위해서 그분이 그렇게 큰 값을 지불하셨다는 사실은, 실제로 당신은 "대단한 사람"이라는 영원한 증거입니다. 그러므로 당신 자신을 그분과 연결시키고 지금 그분의 가장 좋은 것을 구하십시오.

둘째 – 믿음은 당신의 필요를 하나님의 공급과 연결하는 것을 의미합니다

성경은 하나님이 너희 모든 필요를 공급해 줄 것이라고 말씀합니다(빌 4:19). 당신에게 필요한 것은 무엇이든지 당신이 하나님을 믿고, 그분의 약속을 믿으며, 그분의 원칙대로 행동하고, 당신이 필요한 것을 요구한다면 공급될 것입니다.

성경 전체를 통하여 주님은 그 필요가 육체적인 것이든 영적인 것이든 물질적인 것이든 그를 믿는 사람들의 모든 필요를 채워주셨습니다.

무리가 굶주렸을 때 그분은 빵 몇 개와 물고기 두 마리를 나누어서 그들 모두를 먹이셨습니다(막 6:35-42). 그분은 오늘도 같은 일을 하십니다.

성경에서 한 과부는 하나님의 선지자 엘리야를 위해서 자신의 마지막 남은 음식을 빵으로 굽는 믿음을 보여주었습니다. 그녀의 밀가루와 기름은 기근이 끝날 때까지 줄어들지 않았습니다. 하나님은 기적적으로 그녀의 공급이 증가되도록 하셨습니다(왕상 17:10-16).

키수무Kisumu에서 우리가 전도 집회를 열었을 때 한 과부는 병든 아들을 데리고 나흘 길을 걸어서 왔습니다. 그녀는 도시락에 이틀치 음식밖에는 가지고 오지 않았습니다. 그녀는 자신의 필요를 하나님의 공급에 연결시킴으로 얼마 되지 않은 그 식량을 가지고 집회에 오고 가는 팔일 동안 먹을 수 있었습니다. 그녀가 집에 도착했을 때 그녀는 믿음으로 집을 떠날 때보다 더 많은 음식이 그 도시락에 남아 있었다고 그녀의 친구들이 나중에 이야기해 주었습니다.

당신의 필요를 하나님의 공급에 연결시킨다면 어떤 것도 불가능하지 않습니다. 이것이 믿음의 의미입니다. 하나님의 가장 좋은 것이 당신을 위해 창조되었다는 것을 당신은 알고 있습니다. 그것은 당신의 영역입니다. 당신의 유익을 위하여 구하고, 그 후에는 당신 주위에 있는 다른 사람들의 필요를 위하여 구하십시오.

셋째 – 믿음은 당신의 질병을 하나님의 치유에 연결하는 것을 의미합니다

하나님은 "나는 너희를 치료하는 주다"(출 15:26)라고 말씀하셨습니다. 성경은 "그가 모든 병을 고치셨다"(시 103:3)고 말씀하고 있습니다. 신약성경에서도 예수님은 항상 그분에게 오는 사람들을 고치셨으며 그분은 결코 변하지 않으셨습니다. 아무도 그분이 고치지 못하실 만큼 너무 아픈 경우는 없습니다. 어떤 사람도 소망이 없는 경우는 없습니다. 그분은 오늘도 똑같습니다.

누군가 우리의 한 전도 집회에 당뇨병으로 소망이 없는 한 사람을 데리고 왔습니다. 당뇨 때문에 그는 시력을 잃었습니다. 어떤 이유 때문인지 그는 미치기까지 했고 몸도 마비되어 걷지도 못했습니다. 누군가 그를 플랫폼 가까이 땅바닥에 눕혀 놓았습니다.

하나님께서 이런 경우에 어떻게 하시는지 나는 설명할 수 없지만 그날 밤 그 귀한 사람은 치유를 받았습니다. 그의 정신도 돌아왔습니다. 그의 시력도 정상이 되었습니다. 그 몸의 마비도 떠났습니다. 그는 걸을 수 있었고 내가 뛸 수 있는 만큼 뛸 수도 있었습니다.

당신의 병을 하나님의 치유와 지금 바로 연결시킴으로 그분이 당신에게 손을 내밀어 당신을 고칠 수 있도록 하십시오. 거의 60여 년간 나는 세계의 80여 개 나라에서 하나님의 약속을 선포하였습니다. 어디서나 똑같은 기적이 일어났습니다. 당신이 그분께 손을 펴기만 한다면, 예수 그리스도께서 그렇게 많은 사람들을 위하여 하신 일을 당신을 위해서도 기꺼이 하실 것입니다(나의 책 「성경적인 치유」믿음의말씀사, 2008를 보십시오).

넷째 – 믿음은 당신의 죄를 하나님의 용서에 연결하는 것을 의미합니다

하나님은 말씀하십니다. "너는 내게 부르짖으라 내가 네게 응답하겠고 네가 알지 못하는 크고 은밀한 일을 네게 보이리라 … 내가 그들을 내게 범한 그 모든 죄악에서 정하게 하며 그들이 내게 범하며 행한 모든 죄악을 사할 것이라"(렘 33:3, 8). 얼마나 놀라운 약속입니까!

성경은 말씀합니다. "누구든지 주의 이름을 부르는 자는 구원을 받으리라"(행 2:21).

나이지리아에서 한 잔인한 주술사가 우리의 전도집회에 참석했습니다. 그는 복음을 듣고 예수 그리스도를 믿고 하나님의 생명에 의해 변화되었습니다.

그는 플랫폼에 올라와서 사람들에게 말하면서 눈물을 흘렸습니다. 그는 말했습니다. "나는 너무나 악한 사람으로서 사람들에게 저주를 부으면서 인생을 보냈습니다. 나는 사람들에게 독약을 많이 주어서 심지어 몇 사람은 죽기까지 했습니다. 나는 하나님께서 나같이 악한 사람도 사랑하시는 줄은 몰랐습니다. 이제 나는 변화되었습니다. 이제부터 나는 죽는 것이 아니라 살도록 사람들을 도울 것입니다."

이것이 바로 누구든지 그분의 구원을 향하여 손을 내미는 자에게 일어나는 일입니다. 이런 삶이 당신이 있는 그 곳에 당신에게 주어졌습니다. 단순히 당신의 죄를 하나님의 용서에 연결시키고 이 주술사가 한 것과 같이 그분의 용서와 변화시킴을 받아들이십시오.

다섯째 – 믿음은 당신의 불가능을 하나님의 가능과 연결하는 것입니다

"나는 여호와요 모든 육체의 하나님이라 내게 할 수 없는 일이 있겠느냐"(렘 32:27).

예수님은 이렇게 말씀하셨습니다. "이르시되 무릇 사람이 할 수 없는 것을 하나님은 하실 수 있느니라"(눅 18:27).

우리의 한 전도 집회에 해롤드 칸Harold Khan이란 젊은이가 엉덩이에서 발까지 그의 왼쪽 다리에 보조 장치를 끼고 그것에 의지하여 참석했었습니다. 그의 오른쪽 다리는 왼쪽보다 5인치가 더 짧았습니다. 그의 오른쪽 신발은 그가 바로 걸을 수 있도록 쇠로 된 것이 덧붙여져 있었습니다. 그의 짧은 다리는 왼쪽 다리보다 짧은 만큼 가늘었습니다.

이 젊은이는 복음을 듣고 예수 그리스도를 자신의 그리스도와 주님으로 받아들였습니다. 그는 회교도 믿음 안에서 자란 사람이었습니다.

기도하는 시간에 해롤드는 즉시 나았습니다. 어떻게 나았는지는 모르지만 한순간에 그의 작은 다리는 온전한 다리와 똑같은 크기와 길이가 되었습니다. 그는 정부에서 운영하는 병원에서 치료를 받아왔었기 때문에 그의 치유 사건은 트리니다드Trinidad 나라 전체에 잘 알려졌습니다.

해롤드는 플랫폼에 올라와서 쇠로 된 그의 다리 보조 장치를 한 손으로 높이 들고, 다른 손으로는 5인치를 덧붙인 구두를 쳐들었습니다.

두 다리는 이제 똑같아졌습니다. 기적이 일어난 것입니다.

좋은 소식은, 해롤드가 한 것처럼 당신이 그분의 축복을 배우고 믿음으로 주님께 손을 뻗칠 때, 예수 그리스도는 당신이 필요한 것이 무엇이든지 당신을 위해서도 행하기 원하신다는 것입니다.

하나님께 너무 어려운 것은 없습니다

"나는 여호와요 모든 육체의 하나님이라 내게 할 수 없는 일이 있겠느냐"(렘 32:27).

"대저 하나님의 모든 말씀은 능하지 못하심이 없느니라"(눅 1:37).

불가능한 것을 바라는 욕망의 능력은 그것을 가능하게 하는 믿음의 능력입니다.

이것이 바로 당신이 하나님의 가장 좋은 것을 구하고, 하나님의 가장 좋은 것을 취하여, 당신이 하나님의 가장 좋은 사람이 될 수 있는 이유입니다.

제 28 장

왜 가장 좋은 것을 구합니까?

가장 자격이 없는 자, 그리스도인들을 박해하던 자, 복음을 증오하던 자, 다소의 사울이란 사람을 향하여 하나님은 그분의 손을 내밀어 부요하고 풍성한 삶을 제공하였습니다.

몇 명의 그리스도인들을 체포하러 가는 길에서 주님은 사울에게 나타나 세 마디 말씀을 하셨습니다. 하늘로부터 빛이 비치자 그는 땅바닥으로 떨어졌습니다.

여기 대단한 세 마디 말씀이 있습니다.

첫째 : 나는 예수다(행 9:5).

그분이 의미한 바는 이것입니다.

"나는 너를 원한다! I DESIRE YOU"

둘째 : 이제 일어서라(행 9:6).

이 말은 이것입니다.

"내가 너에게 영감을 줄 것이다! I'LL INSPIRE YOU"

셋째 : 너는 나의 증인이다(행 26:16-18).

다른 말로 하면, "나는 너를 쓸 것이다! I'LL REQUIRE YOU"

예수님은 우리를 구원하시고 우리를 그분의 동역자로 삼으십니다. 그분은 우리를 속량하시고 우리를 그분의 메신저로 보내십니다. 그분은 우리를 부요하게 하시고 우리를 그분의 선한 대사로 삼으십니다.

당신의 가장 큰 개인적인 발전은 세상을 보는 하나님의 관점을 갖게 되는 것입니다. 즉 사람들을 하나님께서 보시듯이 바라보며, 하나님께서 당신을 통하여 사람들을 사랑하고 세워주기까지 그분의 본성을 흡수하여 그분의 감정과 조화를 이루며 사는 것입니다.

이것이 당신이 하나님의 가장 좋은 것을 구하는 이유입니다.

당신의 작은 야망은 포기하고 최고를 목표로 삼으십시오. 성공하기 위한 기본 태도는 이렇습니다.

> 필요를 보면 채워 줍니다.
> 상처를 보면 치료해 줍니다.
> 잃어버린 사람을 보면 빛으로 인도해 줍니다.
> 낙심한 사람을 보면 세워 줍니다.

이것이 이 세상에서 사람들이 사람들을 섬기고, 하나님의 선한 계획을 수행하는 "사명"입니다.

하나님을 목적으로 하는 모든 인생은 하나님의 사명을 가지고 있으며, 이것이 우리가 삶에서 하나님의 가장 좋은 것을 구해야 하는 이유입니다.

사명(MISSION)이란 단어를 나는 이렇게 풀어 씁니다.

Making new roads – 새로운 길을 만드는 것; 우리가 사는 세상에서 좋은 것을 위한 가능성들을 보고, 인류의 복지를 위해서 새로운 길을 만들고 일이 되게 하는 것.

Inventing new solutions – 새로운 해결책들을 발명하는 것; 인류의 필요와 문제들을 보고, 그 문제들에 대한 새로운 해결책들과 그런 필요를 채울 수 있는 새로운 방법들을 발명하는 것.

Saving new souls – 새로운 영혼들을 구원하는 것; 하나님 없이 허비되는 사람들의 삶을 보고, 당신 안에서 당신을 통하여 일하고 계시는 예수 그리스도의 사랑이라는 생명의 힘을 통하여 새로운 영혼을 구원하는 것.

Sowing new seeds – 새로운 씨앗을 심는 것; 모든 사람의 무한한 가능성을 보고, 그들이 하나님을 위해 가장 좋은 사람이 되도록 돕기 위해 사람들의 마음에 새로운 성공과 행복의 씨앗이 되는 생각들을 심어 주는 것.

Opening new doors – 새로운 문을 열어 주는 것; 자신들의 빈약한 자아상에 갇혀있는 사람들 안에 있는 생산성의 상실을 보고, 다른 사람들을 사랑하며 섬기는 무한한 성취의 새로운 문을 열어 주는 것.

Nourishing new dreams – 새로운 꿈들을 키워주는 것; 부정적인 생각과 자포자기와 절망의 파괴성을 보고, 하나님에 대한 믿음과 예수 그리스도에 의해 사는 기적의 삶을 주입함으로써 긍정적인 사람에 대한 새로운 꿈을 키워주는 것.

이런 고상한 목적이 우리를 위한 하나님의 사명입니다.

이런 목표를 달성하려면 우리는 하나님의 가장 좋은 것을 구해야 합니다.

하나님을 믿는 것은 인류에게 가장 긍정적인 힘입니다. 의심, 두려움, 불신앙은 사람이 경험할 수 있는 가장 부정적이고 파괴적인 힘이 됩니다.

가장 좋은 영적인 성취, 즉 그리스도교의 가장 깊은 영적 수준은 이렇게 4단계로 요약할 수 있습니다.

자기 발견 – 내가 누구인지 아는 것.
자기 개발 – 다른 사람에게 다가가 섬기는 것reachout.
자기 훈련 – 예수 그리스도를 나의 표준으로 삼는 것.
자기 성취 – 다른 사람에게 자신을 재생산하는 것.

이 땅에서 가장 위대한 성취, 믿는 자의 가장 위대한 사명은 사람들에게 다가가 섬기는 것입니다.

사람들에게서 하나님의 존엄성을 보는 것.
사람들에게 하나님의 귀함을 불어넣는 것.
사람들에게 하나님의 라이프스타일을 심는 것.
사람들에게 그들이 누구인지를 받아들이게 하는 것.
사람들에게 예수 그리스도께서 그들 안에서 무엇이 되고 싶어 하시는지를 말해주는 것.
사람들에게 영생의 선물을 주는 것.
사람들에게 가치 있는 삶을 살도록 도와주는 것.

이런 이상들을 성취하기 위해 우리는 좋은 인생을 구하며, 좋은 인생은 당신을 향한 하나님의 이상이라는 것을 나는 당신에게 확언합니다.

이제 이것을 받아들이십시오.

이렇게 말하십시오. "네, 나는 하나님의 가장 좋은 것을 구합니다."

이렇게 말하십시오. "내 안에 계신 하나님이 할 수 있기 때문에 나도 할 수 있습니다. 나는 그분의 형상대로 창조되었습니다. 하나님은 내 안에 사십니다. 내가 구하는 것은 오직 하나님이 내 안에서 일하시는 것입니다."

이렇게 말하십시오. "내게 꿈을 주신 하나님께서 내가 그 꿈을 성취하도록 도우십니다. 하나님께는 불가능한 것이 없기 때문에 나에게도 불가능한 것은 없습니다."

제 5 부

땀을 흘리십시오

바울은 이것을 믿음의 싸움이라고 불렀습니다. 이 책을 쓸 때 선택한 다른 단어들과 리듬이 어울리도록 하기 위해서 나는 '땀을 흘린다 perspire'라는 단어를 사용합니다. 이 말은 반대되는 모든 것에도 불구하고 하나님께서 말씀하신 것을 믿는 원리를 표현하는 말입니다.

하나님은 그분의 계획에 대해 당신이 확신하기를 원하십니다.

그러므로 필요하다면 땀을 흘리지, 결코 뒤로 물러서지는 마십시오.

결코 그 불꽃을 끄지 마십시오.

결코 늪에 빠져 있지 마십시오.

하나님께서 원하시는 것을 구하십시오.

그러면 당신이 원하는 것을 얻게 될 것입니다.

얻을 때까지 땀을 흘리십시오. (필요하다면) 땀을 흘리고, 당신 안에서 당신을 통하여 하나님이 원하시는 존재와 소유와 능력을 당신이 알 때까지 붙잡으십시오.

제 29 장

당신 안에서 일하시는 하나님의 믿음

하나님의 약속을 활성화하면 욕망의 힘은 실제로 당신 안에서 일하시는 믿음의 힘이 됩니다.

하나님이 원하시는 것을 당신이 원하게 되면, 당신의 야망과 당신의 욕망과 그것을 소유하려는 열심은 당신 안에서 일하시는 하나님의 힘이 됩니다.

성경이 일관되게 가르치는 것은, 하나님은 우리가 그분을 믿고, 그분의 말씀을 신뢰하고, 그분의 영향력 외에는 다른 어떤 영향력에도 굽히지 않으며, 세상의 어떤 것보다도 그분의 말씀의 신실함에 우리의 삶을 전부 헌신한다는 것을 매일 확신하기를 바라십니다. 이것이 믿음입니다.

하나님께서는 자신의 마음을 결코 바꾸지 않으십니다

아담과 하와가 하나님의 말씀을 의심하고 사탄의 말을 믿었을 때, 하나님의 우정의 계획을 위한 믿음의 기초는 사라져버렸습니다. 하나님은 불성실함과 자신의 라이프스타일을 함께 나눌 수 없었습니다. 빛이 어둠과, 속임이 믿음과, 반역이 충성과 함께 공존할 수 없었습니다.

사탄은 하나님께서 그분의 말씀의 존귀함을 결코 타협할 수 없다는 것을 알았습니다.

남자와 여자는 거짓말을 믿기로 선택하고 하나님의 말씀을 신뢰하지 않았습니다. 그들은 종으로 전락하여 죽었습니다. 그 후의 모든 세대가 그들의 죄에 감염되었습니다.

관대한 아이디어

그러나 사람을 친구와 동역자로 삼고자 하는 하나님의 생각은 결코 변함이 없었습니다.

우리의 죄를 담당하고, 우리의 죄에 대한 모든 심판의 고통을 받을 완전한 희생 제물을 제공함으로써 인류를 합법적으로 속량하는 관대한 아이디어를 사랑은 가졌습니다. 그 대속물이 예수 그리스도입니다.

그리스도께서 우리를 위해 이 일을 하셨다는 것을 우기가 믿을 때 하나님은 우리를 그분의 가족으로 받아들이십니다.

하나님께로 돌아오기 위해서 그분이 우리에게 바라시는 것은 오직 우리는 결코 아담과 하와가 한 것처럼 하지 않겠다는 것과 그분이 말씀하시는 것을 의심함으로 하나님의 신뢰를 저버리지 않겠다고 하는 것입니다.

바울은 이것을 믿음의 싸움이라고 불렀습니다(딤전 6:12). 나는 이 책에 내가 사용한 단어와 리듬이 맞도록 '땀을 흘리다perspire'란 단어를 사용했습니다. 뿐만 아니라 이 단어는 모든 것이 하나님이 말씀하시는 것과 반대가 되더라도 말씀하신 것을 믿는 믿음의 매우 중요한 원리를 표현하고 있기 때문입니다.

예수님은 "하나님을 믿으라"(막 11:22)고 말씀하셨습니다.

"믿음이 없이는 하나님을 기쁘시게 하지 못하나니 하나님께 나아가는 자는 반드시 그가 계신 것과 또한 그가 자기를 찾는 자들에게 상 주시는 이심을 믿어야 할지니라"(히 11:6)

하나님의 싱공에 "네!"라고 말하십시오

나는 "하나님의 성공에 네!"라는 제목의 두 개짜리 테이프를 녹음했습니다(원하시면 구할 수 있습니다).

주님께서 성공에 대한 시로 영감을 주셨습니다.

하나님의 성공에 "네!" 하고 선언하십시오.
그 후에 당신이 소유하고 있다는 것을 고백하십시오.

그분의 고상함으로 당신이 발전함에 따라
당신은 아버지의 가장 좋은 것으로 복을 받을 것입니다.

당신이 복을 받았다는 것을 아는 중요한 시험을
내가 강조하는 이유가 바로 이것입니다.
당신이 소유하고 있는 것을 고백하십시오.
이것이 하나님의 성공에 "네!"라고 말하는 것입니다.

나는 복을 받았다고 내가 고백할 때
나는 하나님의 성공에 "네!"라고 말하는 것입니다.
내가 하나님의 가장 좋은 것을 가졌다는 것을 표현할 때
나는 내가 고백한 것을 소유합니다.

나는 일을 망치거나 추측하지 않습니다.
내가 눌리지만 않는다면 하나님의 가장 좋은 것에
조금도 모자라지 않는 것이 나의 것이기 때문입니다.
하나님의 가장 좋은 것으로 복을 받았다는 것을 나는 압니다.

이제 나는 우울하지 않으므로 너무 기쁩니다.
하나님께서 나를 모든 불안에서 자유하게 하셨습니다.
하나님의 말씀을 통하여 나는 깨달았습니다.
그러므로 나는 하나님의 성공에 대하여 "네!"라고 말합니다.

당신이 한 번 가장 좋은 것을 추구하기로 자신을 헌신했다면,
당신의 꿈을 놓치지 마십시오.
당신의 목표를 하나님의 아이디어처럼 크고 높게 하고, 하나님의 자원처럼 거대하게 하십시오.

찾고, 동경하고, 갈망하는 데 그치지 말고 하나님의 좋은 것들을 구하십시오.

하나님이 원하시는 것들을 원하기로 헌신하여 그것들을 얻을 때까지 땀을 흘리십시오. (필요하다면) 땀을 흘리고, 당신 안에서 당신을 통하여 하나님이 원하시는 존재와 소유와 능력을 당신이 알 때까지 붙잡으십시오. 이것이 하나님을 믿는 것입니다.

제 30 장

하나님과 함께
큰 사업에 뛰어들으십시오

 예수님은 "먼저 하나님의 통치와 그 안에서 너의 바른 위치를 추구하라"(마 6:33)고 말씀하셨습니다.

 예수님은 우리가 기도할 때마다, "주님의 나라가 도래하고, 주님의 뜻이 이루어질 것입니다"(마 6:10)라고 주장하도록 우리를 가르치셨습니다.

 동정녀 마리아는 그렇게 했으며, "말씀대로 내게 행하십시오"(눅 1:38)라고 말했습니다.

 당신도 이렇게 말합니다. "네, 주님! 주님의 왕국을 내 안에 실현하십시오. 내 안에 주님의 완전한 뜻이 이루어질 것입니다. 주님께서 기쁘신 대로 내 안에서 행하십시오. 내 삶에서 주님의 풍성함이 번창하게 하십시오. 주님의 왕국이 임하소서! 주님의 뜻이 이루어지소서."

당신 안에 있는 하나님의 왕국은 큰 사업입니다. 하나님은 큰 아이디어를 가지고 계십니다. 당신은 큰 인생을 살도록 태어났습니다. 당신은 위대함에 연결되어 있습니다.

생기 없고, 남을 판단하며, 죄책감 속에 사는 패배자들의 행렬을 영원히 떠나십시오. 거기서 빠져나와, 그분의 풍성한 삶의 활기 넘치는 건강과 창조적인 생각, 그분의 긍정적인 라이프스타일과 생산적인 참여로 가득한 하나님의 삶의 세계로 걸어 들어가십시오.

하나님은 당신을 구원하셔서 그분의 동역자로 만드셨습니다.

하나님의 동역자로서의 잠재력이 자신 안에 있다는 것을 믿을 만큼 당신의 구원을 믿으십시오. 위대한 당신의 운명을 믿으십시오. 당신의 욕망의 제국을 믿으십시오.

당신의 아버지는 "그래!"라고 말씀하십니다

우리는 이 책에 관해서 기도하고 있었습니다. 하나님은 당신을 일으켜 세워서 재능으로 구비시키기 위해 우리를 사용하기 원하시는 것을 우리는 알았습니다.

예수 그리스도의 임재가 아침 햇살처럼 우리의 기도실을 가득 채웠습니다. 마치 무지개의 각양 색깔이 우리 방을 밝게 비치는 것만 같았습니다.

나는 주님께서 이 책에 관해서, 그리고 그분의 팀원으로서 당신에 관해서 내게 말씀하신 것을 믿습니다.

그분의 풍성함과 선하심에 관한 아름다운 성경 구절들이 내 영안으로 쏟아져 들어왔습니다.

"그분의 신성한 능력이 생명에 관한 그분의 모든 풍성함을 우리에게 주셨습니다(벧후 1:3)."

그 무지갯빛 하나하나가 그분의 음성으로 말씀하는 것만 같았습니다.

"그래! 그래! 예스! 예스!"

"내가 그래! 예스! 라고 말했다고 사람들에게 말하렴!"

"네가 욕망하는 것을 나도 욕망한다고"

"그래! 나는 너를 축복하기 원한다.

"그래! 나는 네가 온전하기 원한다.

"그래! 나는 네가 치유받고 강건하기 원한다.

"그래! 나는 네가 형통하고 성공하기 원한다.

"그래! 나는 네가 만족하기 원한다.

"그래! 나는 너의 꿈이 이루어지기를 원한다.

"내가 그래! 예스! 라고 말했다고 사람들에게 말하렴!"

"그러므로 내가 너희에게 말하노니 무엇이든지 기도하고 구하는 것은 받은 줄로 믿으라 그리하면 너희에게 그대로 되리라"(막 11:24)

"예수께서 이르시되 할 수 있거든이 무슨 말이냐 믿는 자에게는 능히 하지 못할 일이 없느니라 하시니"(막 9:23)

당신의 꿈에게 '그래!'라고 말하십시오

하나님의 풍성함은 당신을 위한 것입니다! 하나님은 당신이 풍성함을 욕망하고, 취하고, 동경하고, 갈망하고, 구하고, 그것을 소유하기 위해 (어려워지면 어려워질수록) 그것을 위해 땀 흘려 노력하기를 바라십니다.

그것은 당신의 욕망의 제국 즉 당신의 왕조입니다. 그것은 당신의 영역입니다. 그것은 당신 안에 있는 하나님의 왕국입니다.

당신이 해야 하는 것은 단지 그분의 말씀을 믿는 것뿐이며, 그분의 사랑의 계획을 신뢰하고, 도중에 놓인 어떤 고소나 정죄나 당신 안에 집어넣으려는 죄책감이라는 장애물을 직면해도 당신의 믿음을 재확인하는 것입니다.

당신이 하나님의 아이디어에 대하여 헌신되어 있다는 것을 그분께 증명하기 위해서 필요하다면 땀을 흘림으로써 하나님에 대한 당신의 믿음과 신뢰를 재확인하십시오.

당신의 목표를 세우십시오. 구하고, 찾고, 두드리십시오. 당신의 믿음이 시험을 받고 있더라도(벧전 1:7) 하나님은 "그래!"라고 말씀하고 계시다는 것을 당신이 알기 때문에 일이 더욱 어려워질지라도 버티십시오.

주님은 "너희가 내 이름으로 구하는 것은 무엇이든지, [그래!] 내가 실행할 것이다"(요 14:13)라고 말씀하십니다.

"구하라, 그리하면 [그래!] 너희가 받을 것이고, 너희 기쁨이 충만할 것이다"(요 16:24).

　예수님은 세 단어를 사용하셨습니다.

1. 구하라Ask – 구체적으로 구하십시오.

　당신의 갈망을 얼버무리지 마십시오. 당신의 목표를 보십시오. 성경은 "너희가 구하는 것을 받게 될 것이다"라고 말씀합니다. 구하는 것은 대답을 요구합니다. 하나님은 항상 대답하십니다. 내게 부르짖으라 그러면 내가 대답할 것이다(렘 33:3).

2. 찾으라Seek – 추구하십시오.

　당신의 갈망을 행동으로 옮기십시오. 직장이 필요하면 지원서를 내십시오. 지식이 필요하면 얻으십시오. 당신이 할 수 있는 것이 있으면 하십시오.

3. 두드리라Knock – 끈기를 가지십시오.

　당신이 문을 두드리면 누군가 문을 열어 줄 것입니다. 하나님은 모든 문을 여시는 분입니다. 그분은 "'그래!' 너는 가질 수 있어. 내가 너를 위해 만든 것이란다. 그것은 너의 영역에 있다"고 말씀하십니다.

　"너희가 믿음이 있으면 무엇이든지 할 수 있다"(막 9:23).

포기하지 마십시오!

　나는 어디선가 이런 시를 읽은 적이 있는데 이것은 당신을 위해 쓴 것이라고 생각합니다.

가끔 그러하듯이 일이 잘못되고 있을 때,
당신이 가고 있는 길이 오르막인 것처럼 보일 때,
빚은 많고 가진 돈은 바닥이 보일 때,
그리고 당신은 웃으려 해도 한숨이 절로 나올 때,
걱정이 당신을 조금 짓누르고 있을 때,
쉬어야 한다면 좀 쉬십시오.
그러나 절대 포기하지 마십시오!
인생은 꼬인 길 굽은 길로 낯설어도,
우리는 모두 언젠가는 이에 대해 배워야만 합니다.
수많은 실패들도,
우리가 버티기만 했다면 성공했을 것입니다.
속도가 늦어진다고 포기하지 마십시오.
한 번만 더 하면 성공할지도 모릅니다.
성공은 의심이란 구름의 은빛 색깔의 실패를 뒤집은 것입니다.
당신은 성공이 얼마나 가까운지 말할 수 없습니다.
끝이 보이지 않는 듯해도, 가장 힘든 상황이라도,
싸움을 견뎌내십시오.
일이 더욱 악화될 때가 당신이 포기해서는 안 될 때입니다!

제 31 장

형통의 맹세

참 믿음은 하나님의 계획과 그분의 아이디어와 꿈에만 근거해야 합니다. 이것들은 그분의 책에 모두 기록되어 있습니다 (롬 10:17).

당신이 하나님을 믿으므로 당신에게 대적하는 영향력과 환경에도 불구하고 그분의 욕망을 놓치지 않을 만큼 충분히 하나님을 믿고 매일 재확신하는 것만이 하나님께서 당신에게 원하시는 모든 것입니다.

더 좋은 것과 더 좋은 삶을 원하는 것은 잘못이라는 부정적인 가르침에 의해서 당신의 믿음이 위축된다면, 당신은 인생을 낭비하게 되고 후퇴하여 사람들이 경건하다고 하는 실패 안에서 죽을 것입니다.

당신은 가난의 맹세로 스스로를 묶어버린 수많은 사람들과 다를 바가 없을 것입니다. 하나님은 어떤 사람도 이렇게 살도록 계획하시지 않으셨습니다. 하나님은 형통을 계획하셨습니다.

당신이 오늘 형통의 맹세를 하기로 선택하면 좋을 것입니다. 이렇게 말하십시오.

나의 아버지께서 내가 누리라고
이 위성의 부를 창조하셨기 때문에
나는 다시는 결코 가난하거나
궁핍하게 되지 않을 것을 맹세합니다.

나는 도움이 필요한 처지에 있는
다른 사람들을 세워주고 섬기지
못할 일이 결코 없을 것을 맹세합니다.
하나님은 내 안에 계시고 그분은 부요하십니다.

나는 항상 삶에서 하나님의 가장 좋은 것을 활용하여
나 자신이 하나님의 풍성함을 누릴 수 있게 되어
도움이 필요한 처지에 있는 다른 사람들과
그분의 풍성함을 나눌 수 있을 것을 맹세합니다.

"주님은 나의 목자시니 내게는 부족함이 없을 것입니다. 나의 잔이 넘칩니다"(시 23:1,5).

이것이 하나님께서 당신을 위해 창조하신 라이프스타일입니다.

사랑의 능력은 하나님의 가장 좋은 것을 창조합니다

종교적인 부정적 생각의 멍에를 과감하게 부러뜨리십시오.

하나님의 좋은 것들, 즉 삶에서 그분의 가장 좋은 것을 욕망하십시오.

욕망은 의지라는 수증기를 만들어내는 열을 생산하게 하는 불로 불려 왔습니다.

당신의 욕망이 하나님의 욕망과 하나가 되고 그분의 뜻과 일치하게 될 때, 그분의 사랑의 능력은 당신 안에서 삶의 가장 좋은 것을 창조하기 시작합니다.

아래와 같이 말할 수 있는 깊은 결단이 당신 안에서 형성되도록 허락하십시오.

> I am through with failure, mediocrity, sickness and poverty.
> 나는 실패하거나, 평범하거나, 아프거나, 가난한 것과는 관계가 없습니다.
> I am through with jealousy, resentment fear and guilt.
> 나는 질투나, 쓴뿌리나, 두려움이나, 죄의식과는 관계가 없습니다.
> I am through with loneliness and disappointment, with bills and unpaid mortgages.
> 나는 외로움이나, 실망이나, 고지서나 밀린 주택할부금 같은 것과는 관계가 없습니다.

더 좋은 삶, 더 좋은 건강, 더 많은 사랑, 더 위대한 성공, 더 친밀한 하나님과의 관계, 형통, 평안, 행복을 원하는 욕망의 불이 당신 안에서 불타고 있습니다.

이 모든 욕망은 하나님이 자기의 기쁘신 뜻을 원하고 행하도록 당신 안에서 역사하고 계신 것이라는 것을 인정하십시오.

제 32 장

하나님이 원하시는 것을 선택하기

   데이지와 내가 갓 스무 살 스물한 살이었을 때 우리는 십 개월 된 아들과 함께 인도로 가는 배를 탔습니다. 우리 나라에 살고 있는 사람들보다 그 곳에 살고 있는 사람들에게 예수가 더 필요하다고 우리는 믿고 있었습니다.

   그들을 향한 하나님의 사랑의 계획을 들어본 적이 없는 수천만의 사람들이 있는데 말씀을 전하는 사람은 오직 극소수였습니다.

   하나님이 그들을 얼마나 사랑하며 그들을 얼마나 가치 있게 여기시는지를 땅 위의 모든 사람들이 알기 원하신다는 것을 우리는 알고 있었습니다.

   우리는 하나님이 욕망하는 것을 욕망했습니다. 그러나 원수는 우리가 그 욕망을 이루는 것을 허락하지 않았습니다.

   우리는 인도에서 거의 일 년간 있었습니다. 우리는 힌두교도와

회교도들에게 예수 그리스도가 하나님의 아들이며, 그는 죽음에서 살아나셔서 오늘도 살아 계신다는 것을 확신시켜 줄 수 없었습니다. 우리는 하나님의 기적으로 역사하시는 능력에 관해서 이해하지 못하고 있었습니다.

우리는 그들에게 하나님의 사랑을 증명할 만한 증거를 가지고 있지 않았습니다. 성경에는 적혀 있었지만 우리는 성경이 하나님의 말씀이라는 살아 있는 증거를 줄 수도 없었습니다.

살아 있는 증거만이 중요합니다

구원은 "네가 만일 네 입으로 예수를 주로 시인하며 또 하나님께서 그를 죽은 자 가운데서 살리신 것을 네 마음에 믿으면 구원을 받으리라"(롬 10:9)라는 사실에 근거를 두고 있습니다.

예수 그리스도께서 죽음에서 살아나셨다는 것을 증명할 손에 만져질 수 있는 증거가 없었으므로, 기적이 없이는 우리는 그 메시지를 전할 수 없었습니다. 그래서 우리는 집으로 돌아오고 말았습니다.

그러나 우리는 예수 그리스도께서 그들을 하나님께로 속량하기 위해서 값을 치렀다는 것을 모르는 엄청난 군중들을 보았으며, 우리는 이전과 똑같을 수는 없었습니다.

우리는 땀을 흘리며 수고하는 단계에 도달했습니다. 하나님의 아이디어는 실제로 역사할까? 하나님이 하기 원하시는 일을 우리가 이룰 수 있을까? 우리가 그것을 충분히 믿기 때문에 끝까지 버틸 수 있을까?

우리는 기도하고 금식했습니다. 우리는 그리스도께서 명령하신 일을 수행할 수 있는 길을 찾기로 결단하였습니다. 주님은 사람들을 통해서만 그분의 일을 하실 수 있다는 것을 우리는 알았습니다.

사람들은 우리를 잠잠하게 하려고 노력했습니다. 그들은 우리가 평범한 삶으로 돌아가 살면서 하나님의 선하심을 세상에 전하려는 열정을 포기하라고 우리를 위로했습니다.

그 수천만의 사람들은 그들의 운명과 비참한 삶에 길들여져 있기 때문에, 그들은 그들의 종교로 행복한 상태에 있기 때문에, 우리가 해외에 있는 수천만의 사람들은 잊어버리고 국내에 있는 수백만에게 복음을 전하라고 사람들은 우리에게 말했습니다.

그렇습니다. 우리는 땀을 흘리며 수고했습니다. 그러나 우리는 모든 사람들을 향한 하나님의 사랑을 너무나도 확신하였기에 우리의 목표는 조금도 흔들리지 않았습니다.

예수님께서 우리 집에 오셨습니다

어느 날 우리는 큰 집회에서 한 여자 설교자가 설교하는 것을 들었습니다. 그녀의 주제는 "여러분이 예수님을 한 번만 본다면, 여러분은 결코 이전 같지 않을 것입니다."였습니다.

그 다음날 아침 6시, 예수 그리스도께서 우리 침실로 찾아오셨습니다. 나는 어떤 사람이 내 방으로 걸어 들어오는 것과 똑같이 그분을 보았습니다. 나는 그분의 임재 안에서 아무 대책 없이 엎드려 있었습니다. 나는 손가락 발가락 하나도 꼼짝할 수가 없었습니다. 물이 내 눈에서 흘러내렸지만, 나는 내가 울고 있다는 것을 의식하지 못했습니다. 사람의 몸은 예수님의 임재를 견딜 수 없다는 것을 나는 배웠습니다.

한참이 지난 후에야 몸을 움직일 수 있었는데 나는 방바닥에 얼굴을 대고 엎드려 있었습니다. 그날 오후 그 방에서 걸어 나왔을 때, 나는 내가 새 사람인 것을 알았습니다. 내가 죽은 종교를 선포하는 사람이 아니라는 것을 알았습니다. 그분이 실재로 살아 계시다는 것을 이 세상이 알기를 원한다는 것을 나는 알았습니다.

그날 이후로 우리의 욕망의 불은 더욱 더 밝게 타올랐습니다. 땀 흘리며 수고해야 할 것이 훨씬 많이 있었지만, 비그리스도인들 무리에게 예수 그리스도는 오늘도 이전과 똑같다고 확신시킬 수 있는 비밀을 발견했다는 것을 우리는 알았습니다.

누구나 환영받습니다

그 압도당하는 경험을 한 이후 우리는 거의 60년 동안 세계의 80여 나라를 섬겼습니다. 광대한 들판, 경기장, 공원, 공공장소에서 그리스도를 전하여 모든 종교를 가진 모든 사람들이 이 복음을 듣고 하나님께서 그들을 얼마나 사랑하시는지를 알 수 있도록 하였습니다.

성경이라고 부르는 책으로부터 가르치는 외국에서 온 한 부부의 설교를 듣기 위해서 수천 명의 사람들이 오로지 하늘만이 차양인 곳에 모여들었습니다. 하나님의 사랑과 하나님의 능력과 그들에게 건강, 평안, 행복, 성공과 자존심을 주기 원하시는 하나님의 계획에 관한 놀라운 것들을 듣는 것을 그들은 사랑했습니다.

우리는 그들이 하나님의 사랑의 계획을 듣고 그분이 살아 계시며 그분의 약속은 **오늘**도 유효하다는 증거를 보았을 때 항상 똑같이 긍정적이고 감사하는 방식으로 반응하는 똑같은 결과를 온 세상에서 보았습니다.

그러나 어느 곳이든지 종교는 사람들을 억압하고, 그들의 무가치함을 강조하며, 그들의 인간으로서의 위치를 멸시하고, 스스로 자신에게 고통을 가하게 하며, 고해와 고통을 신격화하고, 정죄로 짐을 지우며, 죄책감을 강화시키고, 저주로 위협하는 등의 일반적으로 말하면 정죄와 절망과 무력함으로 그들의 사기를 죽이기에 바빴습니다.

사람들 안에 있는 하나님의 선하심

종교인들은 한결같이 사람은 악하다는 것을 강조하며 접근하기 시작합니다.

인본주의는 사람은 선하다는 정반대의 철학으로 접근하기 시작합니다.

둘 다 요점을 놓치고 있습니다.

성경의 메시지는 사람이 선하거나 악하다는 것을 강조하지 않고, 하나님은 선하시며 그분의 선하심은 사람들이 하나님의 사랑의 계획을 믿을 때 사람들에게 부여될 수 있다는 것입니다.

그리스도의 메시지는 하나님의 사랑의 계획을 나눔으로써 사람들은 하나님께로 회복될 수 있고 하나님의 선하심을 가질 수 있다는 것입니다.

이것이 바로 하나님이 욕망하는 것을 욕망하는 것입니다. 이것을 욕망하는 것이 너무나 강렬하여서 어떤 반대에도 담대하게, 어떤 비용을 치르더라도 그 꿈을 잡고 있는 것이 당신의 믿음입니다.

인종이나 피부색이나 신분에 관계없이 하나님께서 각 사람을 얼마나 사랑하시는지 아는 것은 당신으로 하여금 제한들을 거절하고, 위협을 기부하며, 반대에 대항하여 자신을 하나님의 꿈에 맞추어서 정상을 향해 매진하게 합니다.

제 33 장

누구든지란 바로 당신을 말합니다

　하나님은 당신이 실제적인 삶과 진정한 자존감으로 행복하고, 건강하고, 형통하며, 성공하고, 성취하게 되기를 원하십니다.
　주님께서 이런 시로 이 중요한 점들을 강조하도록 내게 영감을 주셨다고 나는 믿습니다.

> 주님께서 마음에 품고 있었던 사람은 You're the one
> 바로 당신이었습니다. he had in mind
> 그리스도께서 인류를 위해 When Christ returned
> 돌아오셨을 때. for humankind.
>
> 그분은 모두를 찾으려고 It's everyone
> 오셨습니다. he came to find
> 그러므로 주께서 마음에 품고 있던 사람은 So you're the one
> 바로 당신이었습니다. God has in mind.

　수백만의 사람들과 하나님의 꿈을 나누기 위해 우리는 우리의 가장 좋은 것을 드렸습니다. 내가 이 책을 쓰고 있는 것은 그분의 계획을 당신에게로 확장시키려는 것입니다. 당신이 삶에서 그분의 가장 좋은 것을 취하기 위해 달려갈 때까지 이 책은 당신 안에서 당신의 욕망에 불길을 증가시켜 줄 것입니다.

당신은 별 볼일 없는 무가치한 사람이며, 평범한 삶을 살도록 태어났으며, 가난을 잘 견디고, 평범함을 받아들여야만 한다고 하는 값싸고 신앙이 깊은 체하는 교리에 굴복하지 마십시오.

누구든지 정상에 오를 수 있습니다

당신은 왕족으로, 위대함으로, 하나님의 동역자가 되도록, 형통하고, 성공하며, 풍성함 가운데 살도록, 하나님을 대표하는 사람으로서 사람들에게 다가가서 다른 사람들을 당신과 함께 일으켜 세워 정상에 오를 수 있도록 하기 위해 태어났다는 것을 항상 기억하십시오.

당신에게 하신 하나님의 **약속**은 풍성하기만 합니다.

"너희가 내 안에 거하고 내 말이 너희 안에 거하면 무엇이든지 원하는 대로 구하라 그리하면 이루리라"(요 15:7).

"누구든지 주의 이름을 부르는 자는 구원을 받으리라"(롬 10:13).

"하나님이 세상을 이처럼 사랑하사 독생자를 주셨으니 이는 그를 믿는 자마다 멸망하지 않고 영생을 얻게 하려 하심이라"(요 3:16).

"구하는 이마다 받을 것이요 찾는 이는 찾아낼 것이요 두드리는 이에게는 열릴 것이니라"(마 7:8).

TV에서 말씀을 전할 기회가 있었는데, 제목은 "누구든지란 바로 당신을 말합니다"였습니다. 이 주제에 관해서 당신을 위해 제가 영감을 받아 쓴 시를 나누겠습니다.

>하나님의 아들이 누구인지
>그분이 무엇을 했는지 당신이 알게 된다면
>하나님 자신의 아들의 피로써
>당신의 적은 정복됩니다.
>
>누구든지 하나님께 나온 바로 당신을 위해서
>그 피는 뿌려졌고 전쟁은 이겼습니다.
>당신은 놀라워할 것입니다. 그분은 누구든지 오라고
>말했으므로 누구나 도우실 것입니다.
>
>하나님께서 어떤 사람을 위해 하신 일을
>그분은 누구를 위해서도 하실 것입니다.
>그분의 일은 끝났으며, 아들은 오셨습니다.
>누구든지란 바로 당신을 말합니다!
>
>그분의 말씀은 실패하지 않으며 농담이 아닙니다.
>사탄이 저지른 일은 무력화되었습니다.
>하나님은 누구든지 약속하셨으며
>그 누구든지는 바로 당신을 말합니다!

당신이 더 좋은 사랑을 추구하기 때문에 경건한 저항이나 정죄의 열기 아래서 땀을 흘리며 수고해야만 하더라도, 당신이 욕망하는 것을 획득할 때까지는 결코 중단하지 말고 땀 흘려 노력하며 앞으로 전진하십시오.

형통할 수 없을 만큼 너무 가난한 사람은 없습니다. 치유받지 못할 만큼 너무 아픈 사람은 없습니다. 다시 일어날 수 없을 만큼 무력한 사람은 없습니다. 용서받지 못할 만큼 정죄받아야 할 사람은 없습니다. 너무 멸시받고, 무시받고, 거절만 당해서 더 좋은 삶을 향하여 날개치며 솟아오르기 위해 욕망이란 날개를 자유롭게 펴서 오르지 못할 사람은 없습니다.

제 34 장

키쿠유 족 카리유키

 십 칠 년 동안이나 거의 나체로 키쿠유 들판을 돌아다니면서, 옆구리에는 쓰레기들을 부여잡고 이 마을 저 마을로 뛰어 다니며, 제정신이 아닌 상태로 아무 쓸모없는 쓰레기 더미를 모아들이던 키쿠유 족의 정신병자 카리유키를 나는 결코 잊을 수 없을 것입니다.
 한 젊은 그리스도인이 당신을 정상에 오르게 한 그런 사랑으로 그에게 다가갔습니다. 그를 전도 집회에 데리고 가기 위해서 그는 자신의 픽업트럭에 그를 태울 수 있는 방법을 생각했습니다.
 전도 집회가 열리는 들판의 수천 명의 사람들 가운데 한 신자가 쓰레기를 한 아름 안고 있는 카리유키 곁에 서 있었습니다. 그 날 하나님의 사랑에 대하여 가르치고 있는 동안 우리는 그 군중 가운데 그들이 있다는 것을 전혀 몰랐습니다.
 우리 부부는 세상의 어떤 사람들보다 더 많은 기적들의 목격자가 되는 특권을 누렸는데, 우리가 온 세계를 다니며 눈으로 본 모든 위대한 기적들은 실제로 그 모든 기적들이 일어나기까지 그들의 필요에 대해서 우리가 아무것도 모르는 상태에서 들판에 모인 사람들에게서 일어난 것들이었습니다.

카리유키는 그런 사람들 중 하나였습니다.

씨앗 능력의 기적

씨앗에 생명이 있는 것과 마찬가지로 우리 하나님은 그분의 말씀 안에 계십니다. 사람들 안에 그 씨앗이 심겨지면 씨앗은 같은 종류를 생산합니다.

하나님의 치유의 약속에 관한 치유의 말씀이 사람들을 고칩니다.

자존감과 개인의 가치에 대한 하나님의 씨앗들은 사람들의 삶에서 자신의 가치와 자신의 부의 열매를 창조합니다.

하나님의 사랑의 계획에 관한 구원의 씨앗들은 사람들에게서 구원을 생산합니다.

그날 우리는 하나님의 사랑의 계획과 하나님이 사람들을 얼마나 사랑하는지에 관해서 가르쳤습니다. 가르친 다음에 우리는 군중들을 위해 기도했는데, 주님의 영이 우리가 설명할 수 없는 방법으로 카리유키에게 임했습니다. 순식간에 그를 괴롭히던 악한 영이 떠나고 그는 건강하고 정상인이 되었습니다.

그 신자는 카리유키가 정말로 치유된 것을 깨닫고서 무슨 일이 일어났는지 군중들에게 말하도록 그를 강단으로 데리고 왔습니다. 그의 찢어진 옷은 그의 맨몸을 가리지 못했습니다. 그의 머리는 길고 떡이 져서 이가 들끓었고, 그의 수염은 길었습니다. 그의 몸에서는 끔찍한 냄새가 났습니다.

그러나 나는 이 사람이 주님의 방문을 받은 사람인 것을 볼 수 있었습니다.

사랑의 변화시키는 능력

나는 그의 어깨를 잡고 "카리유키, 자네는 정말 아름답게 보이네."라고 말했습니다. 이 말이 사람들 앞에서 자신의 몰골을 부끄러워하며 당황해 하는 그를 세워주었습니다.

나는 그에게 이렇게 말했습니다. "카리유키, 자네는 나의 형제입니다. 나의 아버지와 당신의 아버지는 같은 분입니다. 우리는 하나입니다." 나는 그를 내게로 끌어당겨서 껴안았습니다. 그러고 나서 나는 그를 다시 바라보았습니다.

나는 이렇게 말했습니다. "카리유키, 나는 당신이 너무나 자랑스럽습니다. 나의 아버지께서 당신을 창조하셨습니다. 당신만큼 당신을 위한 하나님의 계획을 잘 이루어 나갈 사람은 아무도 없습니다. 당신은 제자리에 가게 될 것입니다." 그러고 나서 나는 그를 다시 껴안아주었습니다.

그러자 그는 사람들에게 말을 하였고, 자신이 어떻게 이 마을 저 마을로 뛰어다니며 쓰레기를 모으고 자신을 고문하는 충동 속에서 살아왔는지에 대한 가장 놀라움을 자아내는 보고를 했습니다. 그는 자신이 받은 기적에 대해 놀라고 있었으며 사람들의 사랑과 기도에 감사하였습니다.

나는 몇 명의 목사님들에게 부탁하여 따뜻한 물로 그의 몸을 씻겨주고, 머리와 수염도 깎아주며, 멋진 옷과 아름다운 넥타이를 사주고, 성경도 한 권 주어서 그를 다시 데려오도록 부탁했습니다.

전시된 기적

그 다음날 카리유키는 강단 프랫폼 의자에 앉아 있었습니다. 당신은 보았다면 아마 그를 목사님들 중에 한 분이라고 생각했을 것입니다. 실제로 그 집회가 다 끝날 때까지 그는 데이지 바로 옆에 앉아 있었습니다. 그는 항상 얼굴에 행복한 표정을 띠고 있었으며, 자신이 경험한 기적에 대해서 누군가에게 말하고 싶어서 조바심하였습니다.

집회 때마다 나는 카리유키에게 나의 가르침의 기본이 될 성경 말씀을 나를 대신해서 군중들에게 읽어달라고 부탁을 했습니다. 정신 이상이 되기 전에 그는 읽는 법을 배웠기 때문에 그의 낭독은 사람들을 사랑하는 하나님의 사랑의 너무나 아름다운 증거가 되었습니다.

온 세상의 승리자들

온 세상에는 수백만의 사람들이 땅바닥에 앉아서, 기다리며, 시들어가며, 죽어가며 인생을 낭비하고 있습니다.

성장이 아니라 투덜대면서,
생산이 아니라 질질 끌면서,
세워지지 않고 약해지면서,
자립하지 않고 자신을 정죄하면서,
이루지 않고 불평하면서.

우리의 삶의 고상하고 아름다운 욕망은 인류를 구원하여 그들 자신이 누구인지를 발견하도록 하고, 스스로 발전하도록 가르치고, 스스로 절제하도록 훈련하고 도와주며, 스스로 실현하도록 영감을 불어넣어 주고, 자존심에 동기를 부여해 주는 것입니다.

우리의 욕망이 하나님의 욕망입니다. 우리는 사람들에게 그분의 사랑을 보여주고, 그분이 그들을 위해 지불하신 값을 말해 주고, 그분에게 그들이 얼마나 가치 있는지를 알려 주고, 그분을 발견할 수 있는 길을 보여주는 것입니다.

우리는 사람들을 세워주기 원합니다.

하나님에 대한 새로운 믿음으로,
그들 자신에 대한 새로운 믿음으로,
삶에 대한 새로운 의미로,
그들에게 영감을 줄 새로운 꿈으로,

살아가는 새로운 이상으로,
성취할 새로운 목적으로.

이것이 하나님의 욕망이라는 것을 알기 때문에 우리는 하나님의 동역자로서 그분의 꿈을 성취하기 위해서 성공하는 데 헌신합니다. 하나님과 함께 우리의 목표를 향해 전진하는 동안 편견을 가진 많은 저항을 통과하면서 땀을 흘리며 수고해야 할 때도 우리는 포기하지 않습니다. 우리는 승리자들입니다.

제 35 장

하나님과 함께 끝까지

    욕망의 왕국은 당신이 불가능한 것을 극화하고 가능한 것을 조화롭게 하는데 실패한다면 이루어질 수 없습니다.

    꿈을 이루는 데, 빛을 모으고 증기를 분출하여 작은 불빛을 증가시키지 않으면서 허튼 짓이나 한다면 당신의 꿈은 헛된 것입니다.

    우리가 동경하는 것을 원하고 그것을 획득하기 위해 (필요하다면) 땀을 흘리며 구할 때 우리는 모든 기회를 가능성으로 바꿀 수 있습니다.

    이 짧은 시는 영을 세워주고 사람으로 하여금 가장 좋은 것을 원하도록 하며 (필요하다면) 얻기 위해 땀을 흘리도록 도와주기 때문에 나는 어디에선가 본 이 시를 좋아합니다.

> 당신이 씹을 수 있는 것보다 크게 물어뜯고서,
> 그것을 씹으십시오.
> 당신이 할 수 있는 것보다 더 크게 계획하고서,

그것을 실행하십시오.
당신의 화살을 별을 향해 겨누고,
좋은 목표를 가지고 이루십시오.
당신이 아낄 수 있는 것보다 많은 시간을 준비하고,
그리고 그 시간을 아끼십시오.
당신이 감당할 수 있는 것보다 많은 것을 맡고서,
그리고 책임을 지십시오.
공중에 당신의 성을 계획하고서,
그러고 나서 하나님의 도움으로 거기에 사십시오!

그분은 우리 안에서 일하십니다

예수님은 이렇게 말씀하셨습니다. "천국은 마치 밭에 감추인 보화와 같으니 사람이 이를 발견한 후 숨겨 두고 기뻐하며 돌아가서 자기의 소유를 다 팔아 그 밭을 사느니라"(마 13:44).

우리 안에서 하나님이 일하면서 그분의 생명과 사랑과 능력으로 우리에게 힘을 공급하신다면, 우리는 성공하고 성취하는 데 우리의 잠재력이 제한을 받지 않을 것입니다. 우리는 행복할 운명을 가지고 있으며 다른 사람들에게 복을 넘쳐흘려보내게 되어 있습니다.

우리는 줌으로써 얻습니다.
우리는 사랑함으로써 살아갑니다.
우리는 세워줌으로써 세움을 받습니다.
우리는 심음으로써 거둡니다.
우리는 나눔으로써 증가합니다.
우리는 축복함으로써 축복을 받습니다.

우리 주변의 사람들의 가능성들에 너무나 불이 붙어서 우리는 어떤 사람이나, 어떤 시스템이나, 어떤 조건도 하나님과 함께 우리의 욕망을 성취하는 것을 막도록 허락하지 않을 것입니다.

땀을 흘리며 수고하되 결코 후퇴하지는 마십시오

하나님은 자기를 찾는 자에게 보상해 주시는 분이라는 것을 우리는 알고 있습니다(히 11:6).

우리 안에서 선한 일을 시작하신 분께서 그것을 행하실 것이라는 것을 우리는 알고 있습니다(빌 1:6).

일이 더 어려워지고, 경건한 체하는 비판과 냉소가 더 심해지고, 당신을 대적하며 정죄하는 고소들이 쌓일 때, 하나님께서 당신에게 원하시는 것은 오직 당신과 다른 사람들을 위한 하나님의 생명의 계획에 대해서 당신의 믿음을 재확신하는 것뿐이라는 것을 기억하십시오.

그러므로 필요하다면 땀을 흘리며 수고하되 결코 후퇴하지 마십시오.

결코 불을 끄지 마십시오.

결코 수렁에 빠져 있지 마십시오.

하나님이 욕망하는 것을 욕망하십시오.

당신이 구하는 것을 당신은 얻게 될 것입니다.

예수님은 "아버지께서 가진 모든 것들은 나의 것이다"라고 하셨습니다(요 16:15). 당신도 똑같이 말할 수 있습니다. "모든 것들은 나의 것이며, 나는 그리스도의 것이고, 그리스도는 하나님의 것이다"(고전 3:22-23).

예수님은 "내 안에 계신 아버지께서 그 일을 하고 계신다(요 14:10)."라고 하셨습니다. 당신도 똑같이 말할 수 있습니다. "내 안에서 행하시는 이는 하나님이시니 자기의 기쁘신 뜻을 위하여 나에게 소원을 두고 행하게 하시나니(빌 2:13)."

하나님의 모든 것이 당신 안에서 일하고 있습니다. 그분은 존재하는 유일한 능력이신데, 그분이 당신 안에 계십니다. 그러므로 자신을 제한함으로 그분을 결코 제한하지 마십시오.

문자 그대로 당신은 당신 안에서 역사하시는 그분을 통하여, 당신에게 강하게 힘을 주시는 그리스도 안에서 모든 것을 할 수 있습니다(빌 4:13).

당신은 당신이 추구하는 것을 취하게 될 것입니다

당신은 어느 누구의 종도 아닙니다. 당신을 묶어둘 수 있는 유일한 제한은 당신 자신의 선택으로 말미암아 당신을 제한하도록 당신이 권한을 주는 것들뿐입니다.

아무도 당신으로부터 하나님과 그분의 능력을 빼앗아 갈 수 없습니다.

버튼 브레일리Berton Braley가 한 말을 옮겨 보겠습니다.

정말 간절히 원한다면 나가서 그것을 위해 싸우십시오.
그것을 위해 밤낮으로 일하십시오.
당신의 시간과 편안함과 잠을 포기하십시오.
그것을 원하는 것만으로도 당신을 미치게 하므로
결코 피곤하지 않을 것입니다.
다른 모든 것들은 이에 비하면 빛을 잃고 싸구려가 될 것입니다.
이것이 없는 인생은 공허하고 쓸모가 없어 보입니다.
당신은 오직 이것만 꿈꾸고 계획하며,
이것을 위해 기쁨의 땀을 흘리며, 긴장하며, 계획할 것입니다.
이것을 위해 하나님이나 사람에 대한 두려움이 없어질 것입니다.
당신의 모든 역량, 힘, 정신과 믿음과 소망과 확신과 단호한 집
요함을 가지고
당신이 원하는 것만을 단순히 추구한다면,
추위나 가난이나 굶주림이나 쇠약함도
몸의 질병이나 고통도 당신이 원하는 그것으로부터
당신의 생각을 한순간도 떠나게 하지 못할 것입니다.
끈질기고 단호하게 그것을 포위하여 공격함으로써
당신은 그것을 취하게 될 것입니다.

이것이 바로 내가 1948년에 로버트 콜리어Robert Collier가 한 말을 사랑하는 이유입니다.

이렇게 외치며 담대하게 나가 서기를 두려워 마십시오.
나는 이것을 원하고 나는 이것을 가질 것이다!
이것은 나의 합당한 기업이므로 나는 이를 요구한다!

"네 믿음대로 네게 될지어다"(마 9:29).
당신 자신에게 이렇게 말하십시오. '하나님은 나를 창조하셨다.

하나님은 나를 소중하게 여기신다. 하나님은 나를 사랑하신다. 그분이 나 대신 값을 치르셨다. 그분이 나를 속량하셨다. 그분은 내 안에 계신다.'

그리고 이렇게 더 하십시오. '하나님이 나를 만드셨고 사랑하실 뿐만 아니라 그분은 나를 필요로 하신다. 하나님은 나에게 계획을 가지고 계신다. 그분은 나를 의지하고 계신다.'

모든 것이 옳다!

종교들은 이것을 발견하는 것을 막으려 합니다. 그들은 당신이 충분히 선하지 못하며 영적이지 못하며 깊지 못하다고 가르칩니다.

사회는 당신이 충분히 교육을 받지 못했으며, 머리가 좋지 못하며, 부자가 아니며, 재능이 없으며, 나이가 덜 들었으며, 너무 어리다고 말합니다.

사람들은 당신의 피부색이 맞지 않으며, 당신의 인종이 맞지 않으며, 당신의 배경이 맞지 않으며, 당신이 사는 곳이 맞지 않다고 말합니다.

그러나 사실은, 당신은 하나님의 아이디어이며 하나님과 같은 종류이기 때문에 당신은 모든 것이 옳다는 것입니다.

하나님의 거대한 왕국 사업이 당신의 손에 맡겨져 있습니다. 당신이 그분께 헌신되어 있고 그분이 당신 안에서 일하고 있기 때문에 당신은 실패하지 않을 것입니다.

"너희가 하나님을 선택한 것이 아니다. 하나님께서 너희를 선택하셨다"(요 15:16).

"그는 포도나무요, 너희는 그의 가지들이다"(요 15:5). 그분에게서 흘러나오는 그런 종류의 생명이 당신에게서 흘러나옵니다.

"그가 하는 일을 너희도 할 것이다"(요 14:12).

"너희가 그를 믿는 자들이므로 너희에게는 모든 것이 가능하다"(막 9:23)

당신 안에 계신 하나님과 함께 그것은 끝까지 "예스!"입니다.

당신은 당신의 산들을 향하여 이렇게 말할 수 있습니다. "여기서 옮겨져 없어져라, 나에게는 불가능한 것이 없다"(마 17:20).

제 6 부

획득하십시오

인생은 끌고 가는 것이 아니라 행동하는 것입니다.

인생은 갈망하는 것이 아니라 획득하는 것입니다.

당신이 알고 있는 모든 것, 듣고 있는 모든 것, 믿고 있는 모든 것, 소망하고 갈망하는 모든 것들은 당신이 획득하기로 결단하고 그것을 취하기 위하여 자신을 헌신하기까지는 당신에게는 소유되지 않은 영역입니다.

하나님의 꿈을 한 번 알고 나면, 하나님께서 말씀하시는 것에 당신이 자신을 헌신할 만큼 하나님이 원하는 것을 욕망하십시오. 그 꿈을 획득하기로 결단하고 그에 따라 행동하십시오.

욕망하는 것이 무엇이든지 당신은 그것을 획득할 수 있습니다. 긍정적인 욕망의 힘을 행동으로 풀어 놓으십시오. 지금이 당신의 영역을 소유할 때입니다.

제 36 장

획득하는 것은 행동하는 것입니다

당신은 당신의 욕망의 왕국을 향한 다섯 개의 황금 계단을 올라갔습니다.

여섯 번째 계단은, 당신이 하나님과 함께하는 영역인 비옥한 고원지대에 당신을 올려다 주고, 당신의 인생을 향한 하나님의 계획 안에서 당신이 바른 자리를 차지할 수 있도록 도와줄 것입니다.

이 전략적인 수준에서 하나님은 당신과 나누기 원하시는 또 하나의 중요한 비밀이 있습니다. 이것과 함께하면 그분의 완전한 풍성함의 영역이 당신의 명령 아래 있게 됩니다. 그러나 이것은 당신이 이 비밀을 알고 사용하는 데 달려 있습니다.

"그 비밀이 대체 무엇입니까?"라고 당신은 묻겠지요.

이것은 비밀번호와 같이 한 단어입니다. 이것은 **행동**이라는 아주 중요한 비밀입니다.

당신은 아래와 같은 이유로 반드시 이 신나는 수준까지 도달해야 합니다.

첫째, 당신은 성경이 하나님의 좋은 소식으로 얼마나 가득 차 있는지를 찾기 시작했습니다.

둘째, 성경을 보면서, 당신은 하나님의 풍성한 선하심을 동경하고 이 모든 것들이 당신을 위해 창조되었다고 결정했습니다. 당신이 아니면 누구를 위한 것이겠습니까?

셋째, 당신 깊은 곳으로부터 당신은 이 좋은 인생과 성취와 만족을 바라고 갈망했습니다.

넷째, 그 분의 사랑의 계획 안에서 성공하기 위해서 당신은 하나님의 가장 좋은 것을 구하기로 결단했습니다.

다섯째, 당신의 상을 얻기 위해서 반대에 저항하며, 필요하다면 싸우기도 하고, 땀 흘려 노력하기로 작정했습니다.

여섯째, 이제 당신은 당신이 욕망하는 것을 획득할 준비가 되었습니다.

이제 행동의 비밀을 사용할 시간입니다. 당신이 원하는 것을 당신이 취할 시간입니다.

행동이 없는 진짜 믿음은 없습니다.
행동이 없는 진짜 소망은 없습니다.
행동이 없는 진짜 사랑은 없습니다.
행동이 없는 진짜 삶은 없습니다.

당신의 영역을 소유할 시간

"행함[행동]이 없는 믿음은 그 자체가 죽은 것이라"(약 2:17,26).

"만일 형제나 자매가 헐벗고 일용할 양식이 없는데 너희 중에 누구든지 그에게 이르되 평안히 가라, 덥게 하라, 배부르게 하라 하며 그 몸에 쓸 것을 주지 아니하면 무슨 유익이 있으리요"(약 2:15-16).

"너희는 말씀을 행하는 자가 되고 듣기만 하여 자신을 속이는 자가 되지 말라 누구든지 말씀을 듣고 행하지 아니하면 그는 거울로 자기의 생긴 얼굴을 보는 사람과 같아서 제 자신을 보고 가서 그 모습이 어떠했는지를 곧 잊어버리거니와 자유롭게 하는 온전한 율법을 들여다보고 있는 자는 듣고 잊어버리는 자가 아니요 실천하는 자니 이 사람은 그 행하는 일에 복을 받으리라"(약 1:22-25).

당신은 하나님의 백성들이 광야를 건넜을 때와 똑같습니다. 그들은 반대자들과 싸웠으며 그들에게 속한 하나님의 좋은 땅에 대한 꿈을 붙잡고 있었습니다. 마침내 그 땅을 획득할 때가 되었습니다.

그 때 주님께서 그들에게 이런 말씀을 주셨습니다.

"너희의 하나님 여호와께서 이 땅을 너희 앞에 두셨은즉 너희 조상의 하나님 여호와께서 너희에게 이르신 대로 올라가서 차지하라 두려워하지 말라 주저하지 말라 한즉"(신 1:21).

이스라엘 사람들은 그들에게 하신 주님의 말씀대로 행동하여 그 땅을 획득하였습니다. 그들은 행동함으로써 그들에게 속한 영역을 소유하였으며, 하나님은 그들이 행하는 모든 것을 축복하실 수 있었습니다.

우리의 행동을 통해서 우리가 하나님을 신뢰하고 있으며 그분의 계획을 믿고 있다는 것을 증명해야 하는 때가 옵니다.

이기고자 하는 헌신

하나님의 꿈을 한 번 알고 난 후에는 우리 자신을 헌신하여 그분이 말씀하시는 것을 행할 만큼 하나님이 원하는 것을 욕망하고 있다는 사실을 증명해야 할 때가 옵니다.

예수님은 38년 동안이나 걸을 수 없었던 사람을 보셨습니다.

하나님은 그 사람이 치유되기를 원하셨습니다. 그러나 그 병자도 건강하게 되기를 원했습니까?

예수님께서 물으셨습니다. "네가 낫기를 원하느냐?"(요 5:6)

주님은 지금 당신에게 그렇게 묻고 계십니다.

당신은 지금의 삶에 불만을 가지고 있습니까? 당신은 더 좋은 삶을 원합니까? 당신은 더 풍성한 삶을 원합니까? 당신은 형통하며 성공하고 부와 성공을 관리할 책임을 기꺼이 지기를 바랍니까?

그 병자는 38년 동안 다른 사람들을 탓하며 살았습니다. 아무도 그가 낫도록 도와주지 않았다고 그는 말했습니다.

예수님은 이렇게 요점을 말하셨습니다. "네 스스로 행하라. 일어나라. 네 침대를 들어라. 걸어가라."

그는 일어나 걸었으며 건강하게 되었습니다.

이것이 당신과 나에게 하나님께서 말씀하시는 것입니다.

당신이 욕망하기를 결정하고 그것을 추구하십시오. 당신은 당신이 욕망하는 것을 가질 수 있고, 할 수 있고, 그런 존재가 될 수 있습니다.

제 37 장

획득하도록 영감을 받으십시오

 하나님께서 씨앗의 형태로 당신 안에 심어주신 갈망과 아이디어를 통하여, 그분은 당신을 향한 원래의 계획이었던 당신 안에 있는 그 풍성한 수확을 생산하기를 욕망하십니다.

 예수 그리스도의 메시지는 좋은 소식입니다.

 "너희는 땅의 소금이다"(마 5:13).

 "너희는 세상의 빛이다"(마 5:14).

 "나를 따라 오너라 내가 너희를 만들겠다"(마 4:19).

 "너희 죄가 용서를 받았다"(막 2:5, 시 103:3).

 "일어나서 걸어가라"(눅 5:23). 다시는 부끄러움으로 얼굴을 파묻지 마십시오.

 "너희 팔을 펼쳐라"(막 3:5).

 "믿기만 하라"(눅 8:50).

 "믿음을 가지라. 모든 것을 할 수 있다"(막 9:23).

그분은 소망이 없는 사람에게 소망을 주며 힘이 없는 자에게 힘을 주십니다. 그분은 자신에게 오는 모든 사람과 자신의 이름을 부르는 모든 사람들에게 좋으십니다. 좋은 인생을 욕망하십시오.

당신의 행동은 당신이 깊이 갈망하는 것에 의해서만 동기가 부여되기 때문에 욕망의 원리는 매우 중요합니다.

욕망도 없고, 선택도 하지 않고, 결단도 하지 않는다면, 어떤 행동도 하지 않게 됩니다.

"원함"이 없으면 "의지"도 없습니다.

예수님은 제공하셨고 당신은 그것을 획득할 수 있습니다

당신 안에 있는 진짜 예수께서 일어서 살아나게 하십시오. 그분이 어떤 분이시든지 그분은 당신 안에 있습니다.

그분이 접촉했던 사람은 누구든지 더 좋아지고, 더 부요해지고, 더 건강해지고, 더 성공적이었습니다.

그분은 나병환자들을 만졌고 그들은 깨끗해졌습니다.

그분은 먼 눈을 만졌고 시력은 회복되었습니다.

그분은 지체 장애자들을 만졌고 그들은 걸었습니다.

그분은 지치고 낙심한 사람들을 만졌고 그들은 새로운 생명을 받았습니다.

그분은 열이 있는 사람들을 만졌고 그들은 다시 정상이 되었습니다.

그분은 두려워하는 사람들을 만졌고 그들은 다시 자신감을 갖게 되었습니다.

그분은 청각 장애인들을 만졌고 그들은 듣고 말할 수 있게 되었습니다.

그분은 상처 입은 사람들을 만졌고 그들은 순간적으로 치유받았습니다.

이것이 그분이 당신의 삶에서 행하고 싶어 하시는 것입니다. 그러나 그분의 만짐은 언제나 필요한 사람의 행동이 있어야 합니다.

우리가 단순하게 일어나 행동을 취하면, 하나님께서 우리를 위해 창조해 놓으신 땅을 소유하게 됩니다.

제 38 장

니얀자에서 온 오무쿨루

아프리카 전도 집회에서 그곳의 한 사역자가 복음을 전하기 위해서 미전도 지역에 들어갔었습니다.

그는 마비가 되어 걷지 못하고 죽도록 버려진 비극적으로 비참한 처지에 있는 한 사람을 한 마을에서 만났습니다. 그의 이름은 오무쿨루였습니다.

그는 15미터 쯤 되는 높이에서 떨어져서 아래 부분의 척추들과 뼈를 다쳤습니다.

뼈를 바로 맞추려고 외과의사들이 여러 차례 수술을 했지만 어떤 진전도 없어서 그는 이전보다 더 가망이 없어 보였습니다.

그의 경우는 아무런 소망이 없었으므로 그는 병원에서 나와서 고향으로 돌아갔습니다.

절망의 세월이 지난 후에, 오무쿨루의 두 형제와 그의 아버지는 시중드는 것에 지쳐 흙집에 그를 버렸습니다. 그의 어머니는 그에게 약간의 음식을 가져다주었는데 그것도 가끔이었습니다. 그의 가족들은 그가 죽는 편이 낫겠다고 생각하고는 버림받는다면 곧 죽을 것이라고 생각했기 때문이었습니다.

우리의 메시지가 새로운 희망을 가져왔습니다

   그 젊은 사역자는 오무쿨루가 절망 가운데 혼자 있는 것을 발견하고서 그에게 새로운 희망과 삶을 가져다주었습니다.
   우리 전도 집회의 메시지는 오무쿨루가 말하는 스와힐리 말로 통역이 되었는데 그 사역자는 우리의 가르침이 담긴 테이프 몇 개와 카세트 플레이어와 배터리를 그에게 빌려 주었습니다.
   우리는 믿음을 행동으로 옮기는 것에 대해 가르쳤습니다. 나는 행동하는 것에 대한 성경의 말씀들을 언급하면서 예수님께서 일어나 걸어가라고 하신 앉은뱅이와 손을 내 밀라고 하신 손 마른 사람의 이야기에 대해 말했습니다.
   우리 집회에 참석해서 예수 그리스도를 믿고 구원자로 영접한 사람들과, 믿음을 행동으로 옮겨서 대단한 기적들을 경험한 사람들의 이야기를 우리는 여러 가지 예를 들어 설명했었습니다.
   그는 하루하루 그 카세트들에 귀를 기울였습니다. 그는 예수 그리스도를 믿었으며, 내가 인도하는 기도를 따라하고 구원을 받았습니다.
   가르침 끝에 우리는 군중들이 육체의 치유를 받기 위해 기도를 따라하도록 인도하였습니다.

나는 성경 구절을 강조했습니다. "그를 향하여 우리가 가진 바 담대함이 이것이니 그의 뜻대로 무엇을 구하면 들으심이라 우리가 무엇이든지 구하는 바를 들으시는 줄을 안즉 우리가 그에게 구한 그것을 얻은 줄을 또한 아느니라"(요일 5:14-15).

그들은 행동하여 획득했습니다

나는 군중들에게 하나님께서 그들의 기도를 들으셨다고 믿는다면 그 믿음을 행동으로 옮길 시간이므로 이전에 할 수 없었던 것을 무엇이든지 해 보라고 말했습니다.

볼 수 없었다면, 눈을 뜨고 기대를 가지고 보라고 했습니다.

걸을 수 없었다면, 예수님이 앉은뱅이에게 말하셨던 것처럼 일어나 걸으라고 나는 명령했습니다. 몸에 채우는 보조기나 지팡이나 목발이나 무엇을 사용하고 있었든지 그것들을 치우고 하나님께서 치유해 주실 것을 기대하고 걸으라고 나는 말했습니다.

나는 그들에게 그들의 믿음에 근거하여 행동을 하라고 말했습니다.

그 집회에서 큰 기적들이 일어났습니다. 소경이 보게 되었습니다. 귀머거리가 듣게 되었습니다. 가망 없이 마비되고, 절고, 걸을 수 없던 많은 사람들이 믿음을 행동으로 옮겨 기적적으로 치유받게 되었습니다.

우리는 기적을 체험한 사람들을 마이크 앞으로 불러서 다른 사람들을 격려할 수 있도록 공개적으로 간증하도록 했습니다. 수십 가지의 기적들이 보고되었고 모든 것을 녹음하여 두었습니다.

오무쿨루는 메시지를 깨달았습니다

오무쿨루는 그 흙집의 땅바닥 위에서 짚으로 만든 매트리스에 누워서 우리의 가르침과 기도와 기적에 대한 간증들을 듣고 또 들었습니다. 마침내 그는 믿는 자가 되었습니다.

마침내 어느 날 그는 스스로에게 이렇게 말했습니다. "나는 이제 충분히 들었다! 이제 나는 오스본 전도 집회에서 사람들이 한 것처럼 나도 기도해야겠다. 그러면 그들에게 응답하셨던 것처럼 하나님은 나의 기도에도 응답할 거야."

녹음기를 멈추고 그는 거기서 혼자 기도하기 시작했습니다. 얼마나 오랫동안 주님께 부르짖었는지 그는 기억할 수 없었습니다.

너무나 갑자기 이런 생각이 들었다고 그는 말했습니다. "기도는 충분히 했다. 나는 이제 거지처럼 행동할 필요가 없다. 오스본이 전도 집회에서 사람들에게 하라고 한 대로 하나님께서 나의 기도에 응답하신 것처럼 나도 행동할 때이다."

그는 지금 당신이 있는 바로 그 자리에 있었습니다.

당신은 충분히 찾고 동경하였습니다.

당신은 충분히 갈망하고, 구하고, 땀 흘리며 노력하였습니다.

이제는 당신의 심령이 욕망하는 것이 무엇이든지 그것을 당신이 획득할 시간입니다. 지금은 당신이 알고 있는 하나님이 욕망하는 긍정적인 욕망의 힘이 행동으로 풀려나야 하는 시간입니다. 지금은 당신의 영역을 당신이 소유할 시간입니다.

충분한 듣기와 충분한 기도

오무쿨루는 카세트 플레이어를 옆으로 치우고서 일어설 것과 온전해 지는 것을 기대하며 팔에 힘을 주어 자신을 위로 밀었습니다. 아무 일도 일어나지 않았습니다.

그는 반복해서 노력하였지만 아무런 일도 일어나지 않았습니다.

그는 흙집의 벽까지 자신을 끌고 가서 어깨를 벽에다 기대어 바로 앉으려고 자신을 바로 세울 수 있는 온갖 방법을 강구하였지만 몇 센티미터 전진했다가는 다시 원위치로 돌아갔습니다.

그는 일어나기로 결단했습니다. 그는 메시지를 믿었습니다. 그는 하나님이 욕망하는 것을 욕망했습니다. 그는 운명의 불확실성에 결코 굴복하지 않았습니다. 그는 믿음으로 계속 믿음으로 행동했습니다.

아프리카 마을의 뜨거운 열기 속에서 그는 땀으로 젖었습니다. 그는 소망을 저버리지 않았습니다. 그는 하나님이 믿었던 것을 알았습니다. 그는 하나님의 약속은 진리라는 것을 확신했습니다.

그는 하나님의 신실하심을 신뢰했습니다.

   그날 오후 흙바닥에서 버둥거리면서 가까이 있는 물건들에 부딪혀 그의 머리와 팔에는 상처가 났습니다.

   땀을 흘리며 아등바등하면서, 하나님께 부르짖으면서, 생각할 수 있는 모든 것을 다 하면서 그가 다시 머리와 어깨를 벽에 겨우 기대어 세울 수 있었을 때 갑자기 아름다운 임재가 그의 흙집을 가득하게 채웠습니다.

하나님의 기적의 능력을 획득하기

   오무쿨루는 이렇게 말했습니다. "달래는 듯한 따뜻함이 나의 머리 위로 들어오더니 내 머리 전체에 퍼졌습니다. 따뜻한 액체가 나의 척추를 따라 엉덩이까지 흘러내리는 것 같았습니다. 그것이 퍼져감에 따라 모든 신경과 근육들이 살아났습니다. 나의 뼈는 재창조되었습니다."

   "나는 무릎을 꿇고 나서 일어섰습니다. 나는 온전해졌습니다. 나는 한쪽 다리를 들고 나서 다른 쪽 다리도 들었습니다. 두 다리는 모두 멀쩡하였습니다. 나는 하나님을 쳐다보고 오랫동안 미친 듯이 울고 웃었습니다. 나는 기쁨을 걷잡을 수 없었습니다."

   "무슨 일이 일어났는지 알면 알수록 더욱 나는 기쁨에 압도당했습니다."

   "그 때 나는 나의 식구들이 생각났습니다. 나는 오두막에서 나와서 두 손을 높이 쳐들고 모든 사람들에게 내가 낼 수 있는 가장 큰 소리로 '내가 바로 오무쿨루입니다. 나는 치유받았습니다.'라고 외치며 달리기 시작했습니다. 내가 소리 지르며 달리는 동안 놀라움이 우리 동네를 휩쓸었습니다."

오무쿨루인가 죽은 그의 귀신인가?

"내가 아버지의 오두막에 가까이 왔을 때 나의 형제들과 부모님이 나를 보았지만, 나의 어머니가 '오무쿨루의 귀신이다!'라고 소리치는 바람에 그들은 모두 달아났습니다."

"나는 어머니를 쫓아가서 붙잡았습니다. 땀과 기쁨의 눈물로 젖은 얼굴로 나는 어머니를 붙잡고 이렇게 말했습니다. '엄마, 저에요! 오무쿨루라니까요. 살아계신 하나님께서 예수 그리스도를 통하여 나를 고치셨어요. 무서워하지 마세요. 엄마, 나는 엄마 아들이에요. 나는 치유받았어요. 나를 보세요. 나를 만져 보세요. 엄마의 아들 오무쿨루에요.'"

이 사랑스런 나이 든 여인은 마침내 가족들이 죽으라고 버렸던 자기 아들의 사랑스런 품에 안겨 있다는 것을 깨달았습니다.

오무쿨루는 자기에게 키수무에서 있었던 전도 집회의 카세트들과 카세트 플레이어를 가져다주었던 목사님에 대해 이야기를 하였습니다. 그녀는 자기 아들이 예수 믿는 신자가 되었으며 살아계신 하나님께서 기적을 행하셨다는 것을 깨닫게 되었습니다.

아주 중요한 행동의 비밀

　세계를 돌며 우리가 전도 집회에서 목격한 이와 같은 놀라운 기적들은 수백 가지가 넘습니다. (우리의 책 "티 엘과 데이지가 전한 복음"이란 책을 참고하십시오. 이 책은 우리 평생에 경험한 예수 그리스도의 기적의 능력에 대한 직접적인 기록으로 512페이지나 됩니다.)

　행동하는 단계까지 도달하는 것이 얼마나 중요한지를 설명하기 위해서 나는 오무쿨루의 이야기를 나누었습니다.

　당신이 알고 있는 모든 것, 들은 모든 것, 믿는 모든 것, 소망하고 갈망하는 모든 것은 당신이 스스로 행동하기 위해 결단하고 실제로 행하기 전까지는 당신에게 소유되지 않은 영역입니다.

　오무쿨루가 말한 것처럼, 이제는 당신이 이렇게 말할 차례입니다. "나는 충분히 들었다. 나는 충분히 읽었다. 나는 충분히 찾고, 동경하고, 갈망하고, 구하고, 땀 흘려 노력했다. 이제는 하나님께서 나를 위해 창조해 놓으신 좋은 인생을 내가 획득할 때이다. 나는 일어나 가서 나의 땅을 차지할 것이다. 나는 그 땅을 요구한다. 그 땅은 내 것이다."

　한 번역본은 야고보서 2:17을 이렇게 번역했습니다. "하나님께서 당신이 하라고 한 것을 행하지 않고서는 믿음은 소용이 없습니다."

　당신은 예수의 이름으로 이렇게 할 수 있습니다.

문제들을 기회들로 바꿉니다.

불가능을 가능으로 바꿉니다.

수치를 존귀함으로 바꿉니다.

두려움과 불안함을 평안과 안정으로 바꿉니다.

패배와 약함을 권위와 승리로 바꿉니다.

가난을 형통으로 바꿉니다.

속임수와 배반을 신실함과 신뢰로 바꿉니다.

이기심과 증오심을 사랑과 사랑 안에서 새로운 시작으로 바꿉니다.

제 39 장

믿음과 행동

 당신이 하나님의 가장 좋은 것을 획득하기로 한번 헌신하였으면, 믿음의 영역으로 들어갔으면, 하나님께서는 당신의 삶에서 그분의 축복들이 실재가 되도록 하기 시작할 것입니다.

 믿음을 가지는 것은 좋지만, 그 믿음을 가지고 행동으로 옮기는 것은 더 좋은 것입니다.

 당신은 믿음을 가지도록 태어났으며, 행동하도록 태어났습니다.

1. 하나님에 대한 믿음과 하나님의 꿈에 대한 확신을 가지고 당신은 그분과 함께 승리합니다.
2. 하나님의 꿈에 대한 믿음과 그분의 말씀을 행하는 확신은 당신이 하나님과 함께 살 만한 인생을 살게 합니다.
3. 믿음과 행동으로, 당신은 목표를 세우고 도달할 수 있습니다.
4. 믿음과 행동으로, 당신은 당신 주위의 사람들과 자신에게 동기를 부여합니다.

5. 믿음과 행동으로, 당신은 역경을 극복하고 승리하고 빛나는 얼굴로 웃으며 나옵니다.
6. 믿음과 행동으로, 당신은 자멸적인 습관들을 정복합니다.
7. 믿음과 행동으로, 당신은 시간을 유익하게 사용하여 투자가, 생산자, 추수자가 됩니다.
8. 믿음과 행동으로, 당신은 선택의 능력을 사용하여 바른 것을 선택하여 언제나 승리합니다.
9. 믿음과 행동으로, 당신은 하나님의 확신에 근거한 자기 확신을 발견하게 됩니다.
10. 믿음과 행동으로, 당신은 두려움이 없습니다.
11. 믿음과 행동으로, 당신은 열정이 있습니다.
12. 믿음과 행동으로, 당신은 불가능해 보여도 형통합니다.
13. 믿음과 행동으로, 당신은 사람들로부터 사랑받고, 귀하게 여김을 받고, 가치 있게 여겨집니다.
14. 믿음과 행동으로, 당신은 사람들을 세워주고, 도와주고, 치유합니다.
15. 믿음과 행동으로, 당신은 스트레스를 힘으로 바꿉니다.
16. 믿음과 행동으로, 당신은 남에 의해 조종당하지 않고 당신의 삶을 경영합니다.
17. 믿음과 행동으로, 당신은 1년 365일 용감하고 행복하게 삽니다.
18. 믿음과 행동으로, 당신은 모든 사람을 사랑하며 적이 없습니다.

19. 믿음과 행동으로, 당신은 문제들을 바꾸며, 힘든 시기를 기회와 복된 시간으로 바꿉니다.
20. 믿음과 행동으로, 다른 사람들은 폭풍만을 쳐다볼 때 당신은 무지개를 봅니다.
21. 믿음과 행동으로, 당신은 염세주의자가 아니라 낙관주의자가 됩니다.
22. 믿음과 행동으로, 다른 사람들이 인생의 노래들을 듣지 못할 때 당신은 음악을 듣습니다.
23. 믿음과 행동으로, 다른 사람들은 금지된 것과 불길한 전조로 보지만 당신은 새로운 세상을 발견하고 솟아오릅니다.
24. 믿음과 행동으로, 다른 사람들이 비관하며 질식할 때 당신은 노래를 부릅니다.
25. 믿음과 행동으로, 다른 사람들은 존재한다고 믿지도 않는 영역에 당신은 이르고 만집니다.
26. 믿음과 행동으로, 대부분의 사람들이 원하기만 하는 것을 당신은 획득합니다.
27. 믿음과 행동으로, 당신은 예수님께서 성경 시대에 이 땅에서 걸으시며 하기 시작하셨던 것을 이제 당신을 통하여 지속하며 문자 그대로 당신 안에서 일하신다는 것을 발견합니다.
28. 믿음과 행동으로, 당신은 삶에서 새로운 가능성을 찾아 이용하는 것을 발견합니다.

29. 믿음과 행동으로, 당신은 불가능에 도전하며 그것을 실재가 되도록 만듭니다.
30. 믿음과 행동으로, 당신은 당신을 종으로 삼았던 전통에서 자유롭습니다.
31. 믿음과 행동으로, 당신은 이전에 아무도 생각하지 않았던 새로운 생각을 합니다.
32. 믿음과 행동으로, 당신은 모험하고, 탐험하며, 정복하는 삶을 경험합니다.
33. 믿음과 행동으로, 당신은 필요를 발견하고 그 필요들을 채웁니다.
34. 믿음과 행동으로, 당신은 상처들을 발견하고 그 상처들을 치유합니다.
35. 믿음과 행동으로, 당신은 문제들을 발견하고 그 문제들을 해결합니다.
36. 믿음과 행동으로, 당신은 그리스도께서 하시던 것과 똑같은 일을 합니다. 당신은 주님과 똑같은 라이프스타일, 똑같은 목표들, 똑같은 사람의 힘, 똑같은 풍성함을 공유합니다. 내가 하는 일을 너희도 하게 될 것이다(요 14:12).

제 40 장

당신은 하나님의 본부입니다

당신은 하나님께 소중한 사람입니다. 당신은 삶에서 그분의 동역자입니다. 그분의 삶은 당신과 당신의 집과 당신의 영향력 아래 있는 모든 사람들을 위한 것입니다.

* 당신의 확신을 하나님의 예비하심에 연결시키십시오.
* 당신은 믿는 자이므로 성취하는 자가 되십시오.
* 하나님이 신뢰할 만한 분이시므로 당신은 창의력을 가지고 있습니다.
* 당신이 의심하면 아무 힘이 없습니다.
* 불신앙이 있으면 쉼도 없습니다.
* 신뢰하지 못하면 녹슬어 낡아질 뿐입니다.
* 하나님의 마음을 갖게 되면 당신은 올라갈 것입니다.
* 복음을 믿을 때 복음은 당신의 도화선에 불을 붙이게 될 것입니다.

1. 예수님은 가장 어려운 문제들을 가장 위대한 가능성들로 바꾸셨습니다.
2. 그분은 가장 나쁜 병을 가장 위대한 치유를 보여주시는 데 사용하셨습니다.
3. 그분은 가장 비천한 죄인을 가장 놀라운 성인으로 변화시키셨습니다.
4. 그분은 가장 비참한 슬픔을 그분의 가장 위대한 동정심을 보여줄 기회로 삼으셨습니다.
5. 그분은 가장 불가능한 상황을 가장 영광스런 성공으로 바꾸셨습니다.
6. 그분은 거칠은 베드로를 동정심이 많은 지도자로 만드셨습니다.
7. 그분은 한 평범한 농촌 여자를 그분의 자비의 증인으로 변화시키셨습니다.
8. 그분은 한 귀신들린 여자를 그분의 부활 소식을 전하는 사람으로 만드셨습니다.
9. 그분은 미움받던 세무 관리인을 변화시켜서 복음서들 중 하나를 기록하는 사람으로 만드셨습니다.
10. 그분은 지금 당신을 그분의 축복과 행복과 성공과 풍성함을 위한 본부로 변화시키는 일을 하고 계십니다.

제 41 장

큰 비밀을 배우기

    예수님을 본 이후에 데이지와 나는 무엇이든지 도전할 믿음이 생겼습니다. 우리는 새롭고 창의적인 많은 아이디어를 가지고 있었습니다. 우리는 그것을 행동으로 옮겼습니다.

    그 당시에는 비그리스도인 나라에 가서 들판으로 나가 주술사들과 나병환자들과 귀신들린 사람들과 수많은 군중을 불러 모아 그들에게 하나님의 사랑을 가르치는 것은 아무도 생각하지 못했었습니다. 그 때 이후로 우리는 수많은 사람들을 구원했습니다.

    어떤 부부도 예수님의 삶에 관해서 수백만 명의 비그리스도인들에게 얼굴과 얼굴을 맞대고 가르친 적이 없었으며, 데이지와 내가 경험한 것처럼 사람들 가운데서 이렇게 많은 위대한 치유와 회심을 보지는 못했었습니다.

행동하는 것이 비밀번호이다

우리는 젊은 시절에 행동하는 것이 열쇠임을 배웠습니다. 우리의 삶은 감당할 수 없을 만큼 행복하고, 생산적이며, 성공적이었습니다. 우리의 풍성함은 수백만 명의 다른 사람들에게로 흘러 넘쳤습니다.

우리의 대중 기적 전도 집회에서의 성공과 행복은 사람들이 살며 일하며 노는 바로 그런 공공장소에 가서 영혼을 구원하는 전도의 새로운 시대를 열었습니다. 이 아이디어는 실제로 온 세계의 자유가 있는 땅으로 퍼져 나갔습니다.

믿음을 행동으로 옮겼기 때문에 우리는 우리가 원했던 것을 획득했습니다.

어느 날 아침 일어난 세 마리의 병아리들 이야기를 들은 적이 있습니까?

깜찍하게 어깨를 쭈뼛하면서 And the first little chick
첫 번째 작은 병아리가 말했어요. with a cute little shrug
"내가 통통한 벌레가 되었더라면 said "I wish I had me
얼마나 좋을까" a nice fat bug"

우습게 꿈틀거리면서 The second little chick
두 번째 작은 병아리가 말했어요. with a funny little squirm
"내가 통통한 지렁이가 되었더라면 said "I wish I had me
얼마나 좋을까." a nice fat warm"

불평하는 소리를 내면서 The third little chick
세 번째 병아리가 말했어요. with a funny little squeal
"내가 노란 좋은 음식이 되었더라면 said I wish I had me
얼마나 좋을까." a nice yellow meal"

여기 좀 봐라 너희 세 병아리들아 Look here, you three,
밭에 있던 암탉이 말했어요. said the hen in the patch,
"너희들이 먹을 거라면 "If you're ever going to eat,
흙을 파는 법을 배우는 게 나을거야." You'd better learn to scratch"

끌고 가는 것이 아니라 계속 행동하는 것이다

나의 아내 데이지가 어느 날 내게 이렇게 말했습니다.
인생은 운이 아니라 따는 것입니다.
인생은 행운의 번호가 아니라 기록된 경이입니다.
인생은 찬스가 아니라 자세입니다.
인생은 될 대로 되는 것이 아니라 기업입니다.
인생은 선택 사항이 아니라 필수입니다.
인생은 골라 뽑는 것이 아니라 하나님의 예정입니다.
인생은 끌어내는 것이 아니라 불러내는 것입니다.
인생은 숫자가 아니라 멤버가 되는 것입니다.
인생은 끌고 가는 것이 아니라 계속 행동하는 것입니다.
인생은 갈망하는 것이 아니라 획득하는 것입니다.

제 7 부

영감을 불러일으키다

복음은 영감이라고 씁니다.

Greatness : 하나님은 우리에게 위대함을 주시므로
Opportunity : 그분은 우리에게 기회를 주시므로
Success : 우리를 위한 그분의 계획은 성공이므로
Positiveness : 그분은 우리 안에 긍정을 주시므로
Excellence : 그분은 우리 안에 탁월함을 불어넣어 주시므로
Love-life : 그분은 우리에게 사랑의 삶을 주시므로

예수 그리스도를 바라보십시오. 그분의 삶의 경이로움과 그분이 우리와 함께 나누신 사랑을 생각해 보십시오.

그분의 삶은 영감 자체입니다.

당신이 눈을 들어 당신의 배 안에 그분이 서 계신 것을 본다면, 당신도 서 있는 것입니다. 당신은 떳떳하게 서 있습니다. 당신 안에 있는 예수 생명은 다른 사람들에게도 영감을 불러일으킵니다.

하나님께서 당신의 삶 속에서 일하신다는 것을 아는 것보다 영감을 주는 것은 아무것도 없습니다. 예수님은 그분 안에 계신 아버지께서 그 일을 하신다고 말씀하셨습니다.

제 42 장

영감을 주는 삶

데이지와 나는 거의 80여 개 나라에서 수백만 명에게 유례가 없는 성공과 영감을 주는 사역을 하며 50년 동안 전설적인 삶과 신나는 사랑을 경험하는 특권을 누렸습니다.

우리는 수십 번 질문을 받았습니다. "두 분은 사역하면서 어떻게 늘 그렇게 열정이 넘치며 영감을 받고 영감을 불러일으키시나요?"

많은 경우에 사람들은 이렇게 말했습니다. "두 분은 '켜져 있는 상태'를 늘 유지하고 있는 것 같군요. 기적 하나하나가 마치 첫 번째 기적인 것처럼 두 분을 흥분시키는 듯합니다!"

우리는 기적을 행하시는 분과 함께 걸어왔는데, 이는 당신도 마찬가지입니다. 예수 생명은 우리 집의 살아계신 실재입니다. 이제 당신의 집에도 마찬가지입니다.

예수님은 나는 너희가 생명을 풍성히 얻도록 왔노라고 말씀하셨습니다(요 10:10).

요한은 아들이 있는 자는 누구나 생명이 있다고 말했습니다(요일 5:12).

예수 그리스도 안에서 살아 있다

Ability : 우리는 능력이 있습니다. 하나님은 우리 안에서 일하십니다(빌 1:6). 그분은 당신 안에서도 일하십니다.

Liberty : 우리는 자유가 있습니다. 예수님이 우리를 자유롭게 하셨고 우리는 그분 안에서 자유합니다(요 8:32,36). 우리도 그분의 자유를 가지고 있습니다.

Identity : 우리는 신분이 있습니다. 우리는 하나님과 같습니다. 우리는 왕족입니다. 우리는 가족입니다. 우리는 그분의 이름을 가지고 있습니다(롬 8:14-17). 당신도 이 신분을 가지고 있습니다.

Vitality : 우리는 생명력이 있습니다. 우리는 하나님께 대하여 열정이 있습니다. 우리는 에너지가 있습니다. 우리는 열정이 있습니다(딤후 1:7). 당신도 이 생명력을 가지고 있습니다.

Equality : 우리는 동등합니다. 하나님과 동등합니다. 예수와 동등합니다(갈 4:7). 당신도 역시 똑같습니다.

* 우리는 환경과 똑같습니다. 우리 안에 계신 예수는 어떤 환경도 극복할 수 있으며 다룰 수 있습니다.

* 우리는 문제와 똑같습니다. 우리 안에 계신 예수는 어떤 어려움도 풀 수 있을 만큼 큽니다.
* 우리는 책임과 똑같습니다. 예수님과 우리에게는 어떤 일도 너무 커서 함께 이루지 못할 것이 없습니다.
* 우리는 가능성과 똑같습니다. 그리스도와 함께 목표를 이루는 데는 한계가 없습니다.
* 우리는 사람들과 똑같습니다. 우리 안에 계신 예수는 존재하는 가장 좋은 분이시므로 우리는 어떤 사람보다도 열등하지 않습니다.

살아 있다는 것은 영감을 받고 있다는 것이며, 우리는 다른 사람들에게 영감을 주며 살고 있습니다.

우리는 우리가 가지고 있는 것만을 줄 수 있습니다.

영감의 선물

우리가 예수 그리스도를 바라보고 그분의 삶의 경이로움과 우리와 함께 나누신 사랑을 생각해 보면 우리는 영감을 받습니다.

다윗은 하나님의 사람으로서 너무나 삶으로 영감을 받아서 수 세기 동안이나 사람들의 심령을 세워주는 시편들을 썼습니다.

그는 그의 영감들을 놀라운 하나님의 피조물들로부터 끌어냈습니다. 그는 "주께서 사람들을 '하나님' 보다 조금 못하게 만드셨습니다[흠정역은 '천사들'이라고 했는데 히브리어 원어, 프랑스어와 다른 언어로 번역된 성경에서는 '하나님'으로 되어 있음]. 그리고 영화와 존귀로 관을 씌우셨습니다. 주의 손으로 만드신 것을 다스리게 하시고 만물을 그의 발 아래 두셨습니다."라고 말했습니다(시편 8:5-6).

제 43 장

한 사람의 경이로움

하나님의 형상을 따라 지음받은 한 인간처럼 경외스럽고 잠재력이 대단한 존재는 이 땅에 없습니다.

이 점을 강조한 일본의 문학 작품이 있습니다.

한 일본의 석수장이가 돌로 작품을 만들기 위해 그의 손이 거칠어지고 상처투성이가 되도록 망치와 끌을 사용하여 수년간 일을 했습니다.

그 석수장이

어느 날 그는 우울해졌습니다. 그는 '나는 아무것도 아니야. 나는 한 인간일 뿐이고 한 석수장이일 뿐이야.'라고 생각했습니다.

그가 앉아 있는 곳 건너편에 그림자가 지나가고 있었습니다. 대단한 흰 말을 타고 힘 있어 보이는 병사들과 함께 행진을 하는 왕의 모습이었습니다.

왕은 지나갔지만 그 석수장이는 너무나 감동을 받아서 자기도 왕이 되었으면 얼마나 좋을까 하는 마음이 들었습니다. 그는 이렇게 노래를 부르기 시작했습니다. "왕! 왕! 내가 왕이었으면!"

왕이 되라!

"그러면 왕이 되어라!"라고 하는 소리를 그는 들었습니다. 갑자기 금관이 자기의 머리 위에 씌워지는 것을 느꼈습니다. 그는 아름다운 하얀 의자에 앉혀졌습니다. 그는 왕의 권세를 가지고 병사들이 옆에서 함께 행진을 하였습니다.

그 때 뜨거운 햇볕이 쏟아져 부어지고 있었습니다. 병사들 몇 사람이 쓰러지고 낙오했습니다. 왕마저 말에서 내려서는 거의 쓰러질 지경이었습니다. 뜨거운 열기 아래서 비틀거리면서 그는 이렇게 물었습니다. "왕보다 더 힘 센 존재가 있는가?" 그 음성이 이렇게 말했습니다. "그래, 태양이다!"

태양이 되라!

그래서 그는 "태양! 태양! 내가 태양이었더라면!"이라고 노래하기 시작했습니다.

그 음성이 말했습니다. "그러면, 태양이 되어라!" 그는 강력하고 힘 있는 태양이 되어서 빛을 땅과 바다에 비치며 물이 거대한 구름이 되게 하여 태양을 가리게 하여 마침내 태양이 지구로 보내는 빛을 차단하게 되었습니다.

그는 "태양보다 더 힘 센 존재가 있는가?"라고 물었습니다.

그 음성은 "그래, 구름이다!"라고 말했습니다.

구름이 되어라!

그는 "구름! 구름! 내가 구름이었더라면."라고 말했습니다. 그 음성이 "그러면, 구름이 되어라!"라고 말했습니다. 그는 구름이 되었습니다.

그는 거대한 구름이 땅을 덮고, 땅을 흠뻑 적시는 폭우를 내리고 빗물이 온 산에 넘치는 급류가 되어 모든 것을 휩쓸어 바다로 몰아갔습니다.

큰 물이 거대한 바위에 부딪히자 물은 바위의 거대한 저항에 부딪혀 그 바위 앞에서 두 줄기로 갈라졌습니다.

그는 "구름보다 더 힘 있는 것이 있을까?"라고 물었습니다.

그 음성은 "그래, 바위다!"라고 말했습니다.

바위가 되어라!

그는 "바위! 바위! 내가 바위였더라면."라고 노래를 불렀습니다.

그 음성은 "그러면, 바위가 되어라!"라고 말했습니다. 그러자 그는 움직일 수 없고, 어떻게 손을 댈 수도 없는 단단한 화강암이 되었습니다. 그가 눈을 들어보니 어떤 사람이 손에 망치와 끌을 들고서 가까이 다가오고 있었습니다.

그는 "바위보다 더 힘 있는 것이 있을까?"라고 말했습니다.

그 음성은 "그래, 사람이다!"라고 말했습니다.

사람이 되어라!

그래서 그는 "사람! 사람! 내가 사람이었더라면."라고 노래를 불렀습니다.

그 음성은 다시 "그래, 사람이 되어라!"라고 말했습니다.

그는 눈을 들어 주름지고 거친 손을 가진 석수장이인 자신을 바라보았습니다. 한 손에는 망치가 들려져 있고 다른 한 손에는 끌이 들려져 있었습니다. 갑자기 그는 자신이란 존재의 능력을 느꼈습니다.

그는 일어서서 이렇게 말했습니다. "살아 있는 영혼을 가진 한 사람보다 더 강한 존재는 없어."

하나님의 형상을 따라 지음을 받았기 때문에 우리는 이렇게 말할 수 있습니다. "사람이 무엇이기에 주께서 그를 생각하시며 인자가 무엇이기에 주께서 그를 돌보시나이까 그를 하나님보다 조금 못하게 하시고 영화와 존귀로 관을 씌우셨나이다 주의 손으로 만드신 것을 다스리게 하시고 만물을 그의 발 아래 두셨으니"(시 8:4-6). 우리는 이 땅에서 하나님을 나타내며 대표하도록 선택받았습니다. 우리는 하나님의 사랑으로 충만하여 그분의 이름으로 사람들에게 다가가 섬기며 그들을 세워줍니다.

이것이 바로 영감을 주는 것inspiration입니다.

제 44 장

내 안에 있는 하나님의 아이디어들

하나님의 나라는 우리 안에 있습니다. 하나님께서 우리를 창조하셨습니다. 아담과 하와는 하나님의 신뢰를 배반하였습니다. 그러나 하나님은 자신의 아이디어를 포기하지 않으셨습니다.

예수님께서 우리를 속량하셨으므로 우리는 하나님께로 돌아와 다시 그분과 하나가 되어, 그분의 왕국을 우리 안에 가짐으로써 하나님께서 우리를 통하여 다시 다스릴 수 있게 되었습니다. 이것은 나에게 영감을 불어넣어 줍니다.

십자가는 하나님이 우리를 신뢰하신다는 뜻입니다. 그분은 우리를 믿습니다. 이것은 나에게 영감을 불어넣어 줍니다.

요한은 "사랑은 여기 있으니 우리가 하나님을 사랑한 것이 아니요 하나님이 우리를 사랑하사 우리 죄를 속하기 위하여 화목 제물로 그 아들을 보내셨음이라"(요일 4:10)라고 말했습니다. 이것은 나에게 영감을 불어넣어 줍니다!

그리스도의 십자가는 나에게 영감을 줍니다

십자가를 바라보면 우리는 "보라 아버지께서 어떠한 사랑을 우리에게 베푸사 하나님의 자녀라 일컬음을 받게 하셨는가, 우리가 그러하도다 그러므로 세상이 우리를 알지 못함은 그를 알지 못함이라"(요일 3:1)라고 말한 요한처럼 영감을 받습니다. 이것은 나에게 영감을 불어넣어 줍니다!

예수님이 하신 모든 말씀과 행동은 사람들을 세워주고 영감을 주었습니다. 그래서 그분의 메시지는 좋은 소식입니다.

그분이 오신 목적은 사람들을 세워주고, 축복하고, 치유하고, 구원하여 짓밟힌 "아무것도 아닌 사람들"을 "대단한 사람들"로 영감을 불어넣어서 만들어 주는 것입니다.

예수님은 당신에게 영감을 주기 위해 오셨습니다

예수님이 처음 하신 설교에서 그분은 이렇게 선언하셨습니다. "주의 성령이 내게 임하셨으니 이는 가난한 자에게 복음을 전하게 하시려고 내게 기름을 부으시고 나를 보내사 포로 된 자에게 자유를, 눈먼 자에게 다시 보게 함을 전파하며 눌린 자를 자유롭게 하고"(눅 4:18).

우리는 가난하고 절망적이었고, 자신을 고칠 수도 자신을 용서할 수도 없었습니다. 그 때 예수께서 오셔서 우리를 세워주시고 소망, 믿음, 사랑과 생명을 주셨습니다.

   수세대에 걸쳐 사람들은 종교인들의 위협하는 교리 아래서 살아왔습니다. 그러나 예수님은 영감을 가지고 오셨습니다.

   더 이상 실패했다는 정죄는 없고, 성공하는 운명만 있습니다.

   더 이상 죽음의 벌은 없고, 생명의 선물만 있습니다.

   더 이상 타락한 본성은 없고, 새로운 피조물로 속량되었습니다.

   더 이상 치명적인 죄성은 없고, 경건한 의만 있습니다.

   더 이상은 잃어버린 바 된 죄인이 아니라, 구원받은 승리자들입니다.

영감의 근원

   예수님이 오셔서 그분의 생명과 사랑과 동정심으로 사람들에게 영감을 주셨습니다.

1. 십이 년 동안이나 고통을 받으며 아무도 곁에 있고 싶어 하지 않는 혈루병을 앓던 여인에게 예수님은 오셔서 "너는 내 딸이다. 너는 사랑받고 있다. 너는 나았다!"라고 말씀하셨습니다. 이것은 나에게 영감을 불어넣어 줍니다!
2. 돌을 가지고 자기 몸에 상처를 내며 만나는 사람마다 위협하며 무덤들 사이를 벌거벗고 뛰어다니던 한 귀신들린 사람에게 예수님은 오셔서 "너는 중요한 사람이다! 나는 너를 사용할 수

있다. 내가 너를 깨끗하게 치료해 주면 너는 나의 말을 전하는 사람이 될 것이다."라고 말씀하셨습니다.

이것은 나에게 영감을 불어넣어 줍니다!

3. 간음하다 잡힌 한 여인에게 예수님은 오셨습니다. 사람들은 그녀를 쳐 죽이려고 돌을 손에 들었습니다. 그분은 "나는 너를 용서해 준다. 너는 깨끗한 삶을 살 수 있다. 너는 다시는 정죄받거나 죄인이 될 필요가 없다."라고 말씀하셨습니다.

이것은 나에게 영감을 불어넣어 줍니다!

예수 그리스도는 당신을 무시하고 싶어 하지 않습니다. 그분은 당신을 세워주기 원하십니다.

그분은 당신의 문제에 초점을 두지 않으십니다. 그분은 당신에게 해결책을 주기 원하십니다.

그분은 당신을 죄인이라고 부르고 싶어 하지 않으십니다. 그분은 "네 죄는 용서받았다"라고 말하기 원하십니다. 그분은 당신을 세워주고 영감을 주어서 당신의 삶이 다른 사람에게 영감을 주게 되기를 바라십니다.

4. 허리를 굽히고 바로 펼 수 없는 한 여인에게 예수님은 오셨습니다. 그분은 자기 손을 그녀에게 얹고서 "너는 아브라함의 딸이다. 너는 이렇게 꼬부라져서 살아서는 안 된다. 허리를 펴고 숙녀답게 똑바로 서라!"라고 말씀하셨습니다.

이것은 나에게 영감을 불어넣어 줍니다!

하나님은 아무도 구부리고 살거나 부끄러운 모습으로 살기를 원하지 않으십니다. 그분은 오셔서, "바로 서라. 허리를 펴서 꼿꼿하게 서라. 내가 만든 그런 사람이 되어라."라고 말씀하십니다.

5. 삼십팔 년 동안이나 병을 고침받으려고 베데스다 연못에서 기다리고 있던 한 앉은뱅이에게 예수님은 오셔서 "친구여, 자네가 낫기 원하면 나는 자네가 낫게 되기를 바라네. 일어나서 침상을 가지고 걸어가게."라고 말씀하셨습니다.

 이것은 나에게 영감을 불어넣어 줍니다!

6. 주님은 바로 지금 당신에게 이렇게 말하기 위해 오셨습니다. "너는 아플 필요가 없다. 너는 정죄 받을 필요가 없다. 너는 가난할 필요가 없다. 너는 열등감을 가질 필요가 없다."

7. 주님은 바로 지금 당신에게 이렇게 말하기 위해 오셨습니다. "너는 용서 받을 수 있다. 너는 당당하게 설 수 있다. 너는 형통할 수 있다. 너는 가장 좋은 인생을 살 수 있다. 너는 정상에 오를 수 있다."

8. 예수님은 십자가에 못 박혀 있는 도둑에게 오셨습니다. 그분은 "친구여, 오늘, 자네는 나와 함께 낙원에 있게 될 걸세. 자네도 진정한 생명을 가지게 될거야."라고 말씀하셨습니다.

 이것이 영감이요 당신을 향한 그분의 메시지입니다.

9. 예수님은 당신에게 이렇게 말씀하시려고 오셨습니다. "내 아버지께서 너를 사랑하시고 나도 너를 사랑한다. 너는 어떤 예식을 갖추지 않고 그분께 내 이름으로 기도할 수 있고, 그분은 네가 원하는 것을 주실 것이다."

이것은 나에게 영감을 불어넣어 줍니다!

종교의 억압적인 멍에 아래에서는 기도하는 것 자체도 신성모독으로 여겨집니다. 제사장에게 먼저 헌물을 가져다주고 동물이나 새의 제물에 대한 값을 지불해야만 했습니다.

그분의 가르침은 나에게 영감을 줍니다

예수님은 이렇게 말씀하셨습니다. "구하라 그리하면 너희에게 주실 것이요 찾으라 그리하면 찾아낼 것이요 문을 두드리라 그리하면 너희에게 열릴 것이니 구하는 이마다 받을 것이요 찾는 이는 찾아낼 것이요 두드리는 이에게는 열릴 것이니라"(마 7:7-8).

이것은 나에게 영감을 불어넣어 줍니다!

어느 날 언덕 기슭에서 그분은 사람들을 세워주고 그들에게 자존감을 심어 주셨습니다. 아홉 번이나 그분은 내 말을 듣는 너희는 아름다울 수 있고 행복할 수 있다고 말씀하셨습니다. (그것은 바로 그분의 8복 선언이었습니다.)

가난한 사람은 복이 있습니다.
슬퍼하는 사람은 복이 있습니다.
온유한 사람은 복이 있습니다.
배고프고 목마른 사람은 복이 있습니다.
불쌍히 여기는 사람은 복이 있습니다.

심령이 깨끗한 사람은 복이 있습니다.

화해시키는 사람은 복이 있습니다.

핍박을 받는 사람은 복이 있습니다.

박해를 받고 거짓으로 고소를 당하는 사람은 복이 있습니다.

그들이 익숙하게 들어왔던 것과 그분의 가르침이 얼마나 달랐는지 한 번 상상해 보십시오.

예수님은 거기 앉으셔서 미소를 띠고서 사람을 세워주는 아홉 가지 방법들을 반복하여 말씀하셨습니다. 요점을 말하면, 그분의 말씀은 이렇습니다. "나의 친구들이여, 여러분도 행복할 수 있습니다. 여러분도 아름다울 수 있습니다. 여러분도 성취감을 느낄 수 있습니다. 여러분도 평안할 수 있습니다." 얼마나 놀라운 메시지입니까! 사람들을 짓누르지 않고 추켜세우는 영감 그 자체입니다.

그분은 당신에게 이렇게 말씀하고 계십니다. "너는 중요하단다. 너는 하나님의 계획 안에 있단다. 너는 목적이 있는 사람이란다."

제 45 장

복음은 영감입니다

오늘은 새로운 날입니다. 우리는 하나님께로 나가는 새로운 길 즉 예수의 길을 가졌습니다. 이는 하나님과 새로운 관계, 새로운 믿음, 새로운 라이프스타일, 새로운 메시지, 하나님에 대한 새로운 태도를 말합니다. 우리는 이것을 좋은 소식이라고 부릅니다.

나는 이 복음(Gospel)의 철자를 머리글자로 하여 최근 집회에서 가르침의 주제로 적어 보았습니다.

G – for the **Grace** of Jesus Christ. 예수 그리스도의 은혜
O – for the **Object** of His coming. 그분이 오시는 대상
S – for the **Simplicity** of believing. 믿음의 단순함
P – for the **Power** of childlike faith. 어린아이 같은 믿음의 힘
E – for the **Esteem** God has for you. 하나님이 당신을 귀하게 여기심
L – for the **Lifting** power of His dream. 하나님의 꿈의 세워 주는 힘

이것이 바로 영감입니다.

이미 거의 60년 동안 우리는 이 복음을 세상에 전하며 모든 곳에 있는 사람들에게 말했습니다.

당신이 가난하다면, 그리스도 안에서 당신은 세워지고 부요하게 될 수 있습니다.

당신이 하나님께 죄를 지었다면, 당신은 용서받을 수 있습니다.

당신이 아프다면, 당신은 치유받을 수 있습니다.

당신이 넘어졌다면, 당신은 일어날 수 있습니다.

당신이 자신을 아무것도 아닌 사람으로 생각하고 있다면, 하나님은 당신을 특별한 사람으로 생각하십니다.

당신이 보잘것없는 삶을 살고 있다면, 하나님은 당신이 형통하기 원하십니다.

온 세계에 다니며 좋은 것으로 영감을 주기

온 세계에 다니면서 우리는 사람들이 나와서 놀라운 예수 그리스도의 메시지를 받아들이고, 복을 받고, 영원히 변화되는 것을 보았습니다.

* 나라들이 영향을 받았습니다.
* 대통령, 총리, 주지사, 지방 장관, 시장들이 우리의 가르침을 환영하며 그 곳 사람들과 함께 세움을 받았습니다.

* 깨어진 가정들이 새로운 사랑으로 다시 결합하였습니다.
* 알코올 중독자와 약물 중독자들이 완전하게 치유받았습니다.
* 정치가들은 더 큰 성공과 존경 받는 자리에 있게 되었습니다.
* 여성들은 새로운 가치를 발견하고 꿈도 꾸지 못했던 수준으로 올라왔습니다.
* 사실상 거지였던 한 남자는 지금 자기 사업체를 가지게 되었습니다.
* 복음의 영감을 믿고 행동에 옮겼던 한 대학생은 성공적인 리더가 되었습니다.
* 결혼한 여자들은 사업가, 중견 간부, 기업가가 되었습니다.
* 가난한 사람들은 이제 좋은 형통하는 삶을 살고 있습니다.
* 불치병들이 기적적으로 치유되었습니다.
* 귀먹고, 눈멀고, 말 못하고, 걷지 못하던 사람들이 치유받았습니다.
* 암, 종양, 온갖 종류의 불치병들이 사라졌습니다.
* 실패했던 사람들이 자존감과 자긍심을 회복했습니다.
* 외로움과 두려움은 새로운 믿음과 목적의 빛 아래서 사라졌습니다.
* 오늘 날 수천 명의 사람들이 산 기적의 증인들입니다. 그들은 우리가 이 진리들을 가르친 것을 듣고 경험한 놀라운 변화들의 증인들입니다.

이 책에서 이 부분은 하나님께서 창조하신 놀라운 당신에 대한 그림을 보여줌으로써 당신에게 영감을 주어, 당신이 그분의 기적적인 능력으로 말미암아 믿음으로 당신이 보고 있는 모든 것이 될 때까지 비전을 잡고 있게 하고자 쓰였습니다.

나는 그리스도 안에서 내가 보고 있는 것에 의해 영감을 받습니다

예수 그리스도께서 나의 자리에서 십자가에 달려 있는 모습을 볼 때 나는 너무나 많은 영감을 받게 됩니다. 그분이 그렇게 하신 이유는 나를 축복하고, 일으켜 세워주며, 치유하고, 구원하여서 내가 다른 누군가를 축복하고, 세워주고, 치유하고, 구원할 수 있도록 하기 위함입니다.

당신과 나를 위한 하나님의 기적의 계획의 핵심은 이렇습니다. 그분은 우리를 구원하여서 다른 사람들을 구원하는 데 우리를 동역자로 삼으셨습니다. 이것은 나에게 영감을 불어넣어 줍니다!

1. 십자가를 바라볼 때 십자가는 나에게 내가 하나님께 얼마나 귀한지를 보여줍니다.
2. 십자가를 바라볼 때 십자가는 하나님께서 나를 얼마나 원하시는지를 보여줍니다.
3. 십자가를 바라볼 때 십자가는 하나님께서 나를 얼마나 신뢰하시는지를 보여줍니다.

누군가 우리에게 그분이 십자가에서 우리를 위해 하신 일을 말하면 우리는 믿고 그분이 우리에게 오시도록 허락함으로써 그분이 우리를 그분과 같은 수준의 존재로 만들도록 할 것이라는 것을 그분은 믿고 있습니다.

하나님을 신뢰하는 것에 관해 말하는 것은 참 좋으나, 나에게 영감을 주는 것은 하나님께서 우리를 너무나 신뢰하신다는 것입니다.

예수님이 얼마나 귀한 분이신지를 생각하는 것은 좋으나, 나에게 영감을 주는 것은 당신과 내가 얼마나 가치가 있는지를 생각해 보는 것입니다. 당신은 자신을 별로 가치 있게 생각하지 않을지도 모르지만, 당신은 하나님께서 당신을 구원하기 위해 값을 지불하실 만큼 가치가 있습니다.

하나님에 대한 믿음에 대해 말하는 것은 좋으나, 나에게 영감을 주는 것은 하나님께서 우리를 얼마나 믿는지에 관해 생각해 보는 것입니다. 그분은 우리를 자신과 같이 창조하시고, 우리가 그분을 실망시켰을 때 그분은 우리를 회복시키려고 값을 지불하셨습니다. 이것은 나에게 영감을 불어넣어 줍니다!

일으켜 세워주는 복음의 능력

나의 아내 데이지가 영감을 받고 사람들을 격려하기 위해 머리글자를 따서 쓴 글이 여기 또 하나가 있습니다.

G - for the **Greatness** God gives me. 하나님께서 우리에게 부여하시는 위대함
O - for the **Opportunity** He offers us. 하나님께서 우리에게 제공하시는 기회
S - for the **Success** He plans for us. 하나님께서 우리를 위해 계획하신 성공
P - for the **Positiveness** He puts in us. 하나님께서 우리 안에 두신 확신
E - for the **Excitement** He gives us. 하나님께서 우리에게 주시는 흥분
L - for the **Love-life** He imparts to us. 하나님께서 우리에게 주시는 사랑의 삶

오늘은 자긍심을 가지고 걸으며, 하나님께서 디자인하신 그런 사람이 온전히 되기 위해서 자신 있게 일어설 당신의 날입니다.

제 46 장

영감으로 가는 길

아래의 다섯 걸음을 걸으십시오.

첫째, 자신에게 정직하십시오. 당신은 하나님과 같은 존재로 창조되었습니다. 그러나 죄가 당신의 생명에 독을 넣었습니다. 예수 그리스도의 생명과 사랑 이외에는 땅 위의 어떤 능력도 당신을 바꿀 수 없습니다. 그러므로 회개하고 복음을 믿고 하나님의 사랑을 받아들이십시오.

둘째, 자신을 발견하십시오. 하나님의 꿈에 기회를 드림으로써 하나님께서 만드신 놀라운 당신이 살아나서, 행복하고, 생기가 넘치며, 영감을 주고, 세워주는 자가 되십시오.

셋째, 자신을 하나님께 헌신하십시오. 불명예스러운 것 대신에 명예롭고, 부끄러움 대신에 이름이 있고, 파괴적이지 않고 건설적이며, 품위가 떨어지지 않고 빛이 나며, 뒤로 물러서지 않고 영감을 불러일으키는 라이프스타일을 이루기로 결단하십시오.

넷째, 자신을 소중하게 여기십시오. 당신은 하나님의 형상대로 만들어졌습니다. 당신 주변의 세상을 일으켜 세우는 그분의 계획에 당신은 참여하고 있습니다. 당신은 독특합니다. 당신은 성공하고 건강하며 행복하도록 만들어졌습니다. 하나님은 당신이 필요합니다. 사람들은 당신이 필요합니다. 당신도 당신이 필요합니다. 하나님이 만드신 그 놀라운 당신 말입니다.

다섯째, 자신에게 투자하십시오. 자신을 그분과 그분의 계획에 드림으로써 당신을 하나님의 사랑에 심으십시오. 그러면 당신이 주변의 사람들을 축복할 때 당신은 당신에게 넘치는 하나님의 축복을 거두게 될 것입니다.

이 다섯 걸음이 바로 영감이며 진짜 삶입니다.

영감받은 삶을 살기

복음을 믿는다는 것은 당신이 영감을 받은 삶을 사는 것을 의미합니다.

하나님과 함께하는 동역자이므로 당신은 영감을 받았습니다.

당신 안에 계신 그리스도는 영광의 소망이므로 당신은 영감을 받았습니다.

당신을 강하게 하시는 그리스도를 통하여 모든 것을 할 수 있으므로 당신은 영감을 받았습니다.

당신이 그분의 이름으로 요구하면 그분이 행하시므로 당신은 영감을 받았습니다.

당신이 그분을 믿을 때 그분이 하는 일을 당신도 할 수 있으므로 당신은 영감을 받았습니다.

당신은 그분의 사랑의 메세지를 온 세상에 전파하여 그분의 기적을 행하도록 그분의 이름으로 보냄을 받았으므로 당신은 영감을 받았습니다.

영감의 길

당신은 세 가지 위대한 사실에 의해 영감을 받습니다.

첫째, 하나님은 당신을 귀하게 여기십니다.

십자가 위에 계신 예수를 바라보십시오. 그분이 당신을 위해 지불하신 값을 보면서 당신은 하나님께서 당신에게 부여하신 가치를 깨닫게 됩니다. 그분이 당신을 창조하셨습니다. 그분이 당신을 귀하게 여기십니다. 그분은 당신 안에 두신 "그것들"에 대해 알고 계십니다. 당신은 전부 일류입니다.

둘째, 하나님은 당신을 신뢰하십니다.

당신을 위해 그분의 아들이 죽으시도록 내어 주실 만큼 하나님이 당신을 신뢰하셨다면, 당신은 그분께 무한한 가치가 있다는 것을 깨닫게 되어, 자신의 생명을 파괴함으로써 자신을 정죄하지 않고, 그분의 생명을 당신 안에 받아들임으로써 그분의 신뢰에 반응할 것입니다.

셋째, 하나님은 당신이 필요하십니다.

당신은 "오스본 박사님, 하나님이 정말 제가 필요할까요?"라고 묻습니다.

네 그렇습니다. 그분은 오직 당신과 나를 통해서만 그분의 일을 수행할 수 있으십니다.

예수님은 우리의 죄를 위해 죽으셨습니다. 그분은 묻히셨습니다. 그분은 죽음에서 살아나셨습니다. 그분은 아버지께로 올라가셨습니다. 그리고 그분은 우리에게 돌아오셨으며, 우리가 거듭났을 때 그분은 우리 안에 살러 오십니다. 그 후에 우리가 능력을 가지도록 그분의 성령을 보내십니다.

우리는 그리스도의 몸이며(고전 12:27), 성령의 지성소입니다(고전 6:19). 그러므로 하나님은 우리가 필요하십니다.

하나님은 우리에게 의지하십니다.

우리의 손이 그분의 손입니다. 우리의 눈이 그분의 눈입니다. 우리의 발이 그분의 발입니다. 우리의 미소가 그분의 미소입니다. 우리는 그분의 동역자요 함께 일하는 사람입니다.

이것은 나에게 영감을 불어넣어 줍니다!

내 안에 계신 하나님이 나로 하여금 내가 되도록 영감을 주십니다

하나님께서 우리의 삶에서 일하신다는 것을 아는 것보다 나에게 영감을 주는 것은 아무것도 없습니다. 예수님은 "내 안에 계신 아버지께서 그 일을 하신다"(요 14:10)고 말씀하셨습니다.

우리 안에 계신 그분과 함께 우리는 땅 위에서 가장 위대한 삶을 경험합니다. 우리는 필요를 발견하고 채워줍니다. 상처를 발견하고 치유해 줍니다. 풀이 죽어 있는 사람을 발견하고 힘을 줍니다. 잃어버려진 사람을 찾아 빛에 이르는 길을 보여줍니다. 우리는 낙심한 사람을 찾아 격려해 줍니다.

우리는 우리 안에 계신 그리스도에 의해 영감을 받습니다.

우리는 다른 사람들에게 영감의 사랑스런 통로가 됩니다.

요한은 "우리가 서로 사랑하면, 하나님께서 우리 안에 사십니다(요일 4:12)."라고 말했습니다. 이것은 나에게 영감을 불어넣어 줍니다!

하나님께서 우리 안에 사십니다!

인도 캘커타의 마더 데레사는 캘커타 거리에 있는 가난한 사람들과 죽어가고 있는 사람들을 섬김으로써 사람들을 사랑하는 것의 영감에 대해 우리에게 말할 수 있었습니다.

알베르트 슈바이처는 사람들을 사랑하는 것의 영감에 대해 우리에게 말해 줄 수 있었습니다. 이 유명한 신사는 자신이 얻은 박사학위 외에도 50여 개의 명예 박사학위를 받았습니다. 그는 유럽을 떠나 가난한 사람들에게 소망과 돌봄과 치유를 줄 수 있는 아프리카에 자신을 투자하였습니다. 알베르트 슈바이처에게 이것이 그가 하나님을 사랑하는 방법 즉 그의 영감이었습니다.

제 47 장

최고의 영감

거의 60년간 세계적인 사역을 하는 동안 우리는 예수의 삶을 나누며 살면서 최고의 영감을 알게 되었습니다.

사랑으로 사람들에게 다가가서 그들에게 영감을 주는 것은 하나님을 사랑하는 유일한 길입니다. 이렇게 함으로써 하나님은 우리 집에 사십니다(요일 4:16).

잊혀지고 무시되었던 사람들에게 이 사랑과 영감을 전하려고 우리는 끊임없이 할 수 있는 모든 일들을 하였습니다. 우리는 어디를 가든지 우리가 접할 수 있는 모든 사람들과 나누었습니다.

이 책은 예수 그리스도의 삶의 사랑과 영감을 나누기 위해 우리가 당신에게 다가가는 것입니다.

남아프리카 공화국에서 온 한 사람이 몇 년 전에 그가 그의 언어인 반투어로 된 우리의 책들과 테이프와 전도 집회를 녹화한 자료들을 받아 보았다고 우리에게 말했습니다. 그는 이 자료들을 사용하여 남아프리카 전역을 다니며 사람들을 축복했습니다.

그는 "오스본 박사님, 박사님께서 우리에게 제공해 준 자료와 도구들을 가지고 우리는 적게 잡아도 삼십만 명을 예수 그리스도께로 인도할 수 있었습니다."라고 말했습니다.

예수의 사람 하나가 사람들을 사랑하여 그들에게 다가가서 그들을 세워주는 것보다 영감을 주는 것은 없습니다.

방콕의 나병환자

태국 방콕의 한 나병환자가 우리의 집회에 참석했었습니다. 그녀는 몇 개의 쇠붙이와 상자로 어설프게 만든 운하 옆의 움막에서 살고 있었습니다.

그녀는 부정 탄다고 여겨졌기 때문에 아무도 그녀에게 다가가지 않았습니다. 그녀는 친구도 없이 혼자 살면서 구걸하러 밖으로 나오거나 쓰레기 더미를 뒤져서 먹을 것을 찾으며 살았습니다.

그러나 하나님께서는 그녀를 사랑하시며 그녀를 위한 계획을 가지고 계셨습니다.

어떻게 해서 그녀는 우리 전도 집회를 알게 되어 참석하였습니다. 그녀는 사람들에게 잘 띄지 않으려고 군중들 맨 끝에서 한 큰 나무 아래 자신을 숨기고 있었습니다. 그녀는 시장에서 자주 사람들로부터 쫓겨났던 것처럼 사람들의 눈에 띄어 쫓겨나는 것이 겁이 났습니다.

우리는 십자가 위에서 우리를 위해 죽으신 예수 그리스도의 사랑에 관하여 기쁜 소식을 나누었습니다. 나는 하나님께서 어떻게 예수를 죽음에서 부활시키셨으며, 그분은 오늘도 살아계시며, 우리에게 그분의 생명을 주시려고 오기 바라신다는 것을 설명했습니다.

기쁜 소식은 그녀에게 영감을 주었습니다

그 여자에게 이것은 기쁜 소식이었습니다. 그녀의 손은 굳어 있었습니다. 등은 굽혀져서 바로 펼 수도 없었습니다. 그녀는 척추에 심한 통증으로 고통받고 있었습니다. 그녀는 겨우 걸었습니다.

우리가 군중들에게 기도를 인도할 때 그녀는 그 기도를 따라하였으며, 기도를 마쳤을 때 그녀는 자신이 바로 서 있는 것을 알아차렸습니다. 그녀의 등은 바로 펴졌습니다. 그녀의 척추는 완전히 나았습니다. 구부러져 굳어 있었던 팔도 다시 펼 수 있었습니다. 그녀의 피부도 새로운 생기를 띠었습니다.

우리가 하나님께서 그들을 위해 하신 일을 말하라고 사람들을 불러냈을 때 그녀는 용기를 내어 군중들을 통과하여 앞으로 나왔습니다.

팔을 높이 들어 올리고서 그녀는 말했습니다. "내 손을 보세요. 내 손은 이제 자유롭습니다. 나의 살갗을 보세요. 깨끗해졌습니다. 나는 다시 감각을 느낄 수 있습니다. 나의 온 몸에 감각을 느끼게 되었습니다. 나의 등을 보세요. 나는 허리를 굽혀 땅에 손을 댈 수 있습니다. 나는 일어설 수 있습니다. 나는 이전에 바로 설 수 없었습니다."

새로운 우정으로 영감을 받았습니다

그리고 그녀는 이렇게 말했습니다. "이제 예수님은 나의 친구입니다. 나는 이전에 그분을 몰랐었습니다. 그분이 나를 치유하셨기 때문에 목사님이 그분에 대해서 하신 말씀은 진실임에 틀림이 없습니다. 그분은 저와 함께 운하로 오셔서 함께 사실 것입니다. 내가 아프면, 그분이 나와 함께 하셔서 나를 고쳐 줄 것입니다."

그 여자는 주 예수 그리스도를 믿었습니다. 그녀는 온전하게 되었고 용서받았습니다.

그 많은 사람들에게 그녀는 정말 큰 영감이 되었습니다.

예수님께서 이 사랑스러운 여인에게 자존심과 존귀함을 주셨습니다. 그분은 그녀와 그분의 생명을 나누기 위해 오셨습니다.

아무도 너무 가난하지 않습니다. 아무도 너무 가치 없지 않습니다. 예수님은 당신 안에서 살며 당신이 다른 사람들과 그 생명을 나누고 진짜 인생을 살도록 영감을 주기를 원하십니다.

그분은 당신을 그분과 같은 수준의 존재가 되게 하시고, 그분과 함께 일하며, 그분과 함께 다스리고, 그분과 함께 계획하고 창조하기를 바라십니다.

제 48 장

영감의 길

우리가 이 땅에 있는 동안 다가가서 예수 그리스도를 믿을 수 있도록 영감을 줄 수 있는 다른 모든 사람들이 그분과 같이 되게 도와주도록 하나님께서는 우리를 그분의 대사로 삼으셨습니다.

하나님께서는 이 땅 위에서 오직 한 일에만 관심을 가지십니다. 그것은 사람들을 구원하여 그들이 예수님과 같이 되도록 영감을 불어넣는 것입니다.

우리가 예수의 생명을 가지게 되면,

첫째, 우리는 삶에서 새로운 능력을 경험합니다.

둘째, 우리는 우리 안에서 일어나는 아름다운 변화를 깨닫게 됩니다.

셋째, 우리는 편견들을 극복합니다.

넷째, 우리는 피로감과 우울함을 이깁니다.

다섯째, 우리는 성취 수준을 높입니다. 우리는 성공하는 사람이 됩니다.

여섯째, 우리는 짓눌렀던 옛 습관들을 깨뜨려 버립니다.

일곱째, 우리는 염려, 걱정, 두려움을 무찌릅니다.

여덟째, 우리는 우리가 접촉하고 영향력을 끼치는 사람들에게서 열정과 영감을 불러일으킵니다.

아홉째, 우리는 장애라고 여기던 것들을 극복합니다.

열째, 우리의 겉모습에도 발전이 있습니다. 찡그렸던 주름이 있던 자리에 웃는 주름이 생깁니다.

열한 번째, 우리는 슬픔과 외로움을 다스립니다.

열두 번째, 우리는 문제들을 배우는 과정으로 바꾸고 산들을 평지로 변화시킵니다.

예수님의 영감

예수 그리스도는 영감을 주려고 당신의 삶으로 오십니다.
그분은 이렇게 말씀하십니다.

내가 너를 아름답게 하겠다.
내가 너를 쉬게 하겠다.
내가 너를 평안하게 하겠다.
내가 너를 잠잠하게 하겠다.

내가 네게 믿음을 주겠다.

내가 네게 자긍심을 주겠다.

나는 너를 얕보지 않고 세워주겠다.

성경은 이렇게 말씀하고 있습니다. "그런즉 누구든지 그리스도 안에 있으면 새로운 피조물이라 이전 것은 지나갔으니 보라 새 것이 되었도다"(고후 5:17).

왜 우리는 영감을 받았는가

우리가 알고 있는 것이 우리의 영감의 근원입니다.

1. 예수님께서 우리를 위해 하신 일에 의하여 우리는 영감을 받습니다.
2. 우리가 오늘 예수 생명을 받아서 우리 것으로 만들 수 있기 때문에 우리는 영감을 받습니다.
3. 우리가 하나님의 형상으로 창조되었기 때문에 우리는 영감을 받습니다.
4. 우리가 하나님의 꿈의 한 부분이기 때문에 우리는 영감을 받습니다.
5. 문제들은 사탄으로부터 와도, 해결책은 하나님으로부터 나오고, 우리는 그분에게 연결되어 있기 때문에 우리는 영감을 받습니다.

6. 죄가 우리를 하나님으로부터 분리시켰지만, 그분이 우리를 너무나 사랑하셔서 그곳을 떠났다는 것을 알기 때문에 우리는 영감을 받습니다. 예수님은 우리를 위해 죽으셨으며 우리의 죄와 벌을 받으시므로 우리는 아무 죄도 지은 적이 없는 것처럼 하나님 앞에서 의롭게 되었습니다.
7. 우리가 해야 하는 것은 오직 하나님께서 우리를 사랑하시며 예수님께서 우리의 자리에서 죽으셨다는 것을 믿는 것이라는 것 때문에 우리는 영감을 받습니다.
8. 우리의 죄는 이미 십자가 위에 계신 예수 그리스도 안에서 심판을 받았기 때문에 우리는 영감을 받습니다.
10. 우리의 질병들은 이미 예수님이 고통을 받으셨으며, 우리의 죄는 이미 벌을 받았고, 우리가 지불해야 하는 값은 우리를 사랑하시는 예수님에 의해 이미 지불되었기 때문에 우리는 영감을 받습니다.
11. 싸움은 끝이 났다는 것을 알기 때문에 우리는 영감을 받습니다. 우리가 예수님을 믿을 때 우리의 신판은 과거가 되었습니다. 우리의 죄는 그분 안에서 심판을 받았습니다.
12. 우리의 두려움이 사라진 이유 때문에 우리는 영감을 받습니다. 이제 하나님과 우리 사이에는 어떤 것도 끼어들 수 없습니다.
13. 질병의 지배와 다스림은 우리의 삶에서 영원히 사라졌기 때문에 우리는 영감을 받습니다.

14. 우리 위에 군림했던 사탄의 권세는 끝났기 때문에 우리는 영감을 받습니다.
15. 예수는 우리의 주님이며, 구원자이며, 주인이며, 치료자이며, 우리를 건지시는 분이며, 우리의 근원이기 때문에 우리는 영감을 받습니다.

하나님의 안식이 우리를 가득 채우면, 하나님의 열정이 우리를 감격으로 떨리게 합니다. 하나님의 가장 좋은 것이 우리를 세워 줍니다.

당신을 위한 하나님의 계획은 죄가 사라졌을 때 하나님과 당신 사이에 조화가 회복되는 것입니다. 당신은 다시 하나님과 하나가 되었습니다.

제 49 장

영감의 놀라움들

예수 생명의 영감은 당신을 가득 채웁니다.

1. 개인적인 야망은 사라졌습니다. 당신을 향한 하나님의 야망이 당신이 이전에 자신을 위해 원하던 것보다 더 크기 때문에 당신은 영감을 받습니다.
2. 증오는 사라졌습니다. 그분의 새로운 사랑에 의해 당신은 영감을 받았습니다. 증오는 미움을 받는 사람은 해치지 않고 오히려 미워하는 사람을 죽입니다. 사랑이 더 좋습니다. 사랑은 사랑하는 사람을 치유하고 사랑받는 사람도 치유합니다.
3. 복수와 쓴 뿌리는 사라졌습니다. 예수 생명의 더 높은 영향력에 의해 당신은 영감을 받았습니다. "눈에는 눈"과 "이에는 이"라는 원리는 더 이상 의미가 없습니다. 양쪽 모두 패배자가 되는 것이니까요. 영감을 주는 사랑과 참고 용서하는 것이 당신을 위한 새로운 방법입니다. 양쪽 모두 승리자가 되는 것이니까요.

4. 정욕과 남용은 사라졌습니다. 사람들이 가진 하나님이 부여하신 가치와 존엄성에 의해 당신은 영감을 받습니다. 당신은 다른 사람 안에서 하나님께서 그들을 보시는 것을 봅니다. 그들을 무시하거나 상처를 입히거나 남용하거나 이용하는 대신, 도와주고 세워주기 위해서 그들을 높여 줍니다. 그렇게 함으로써 당신은 자신도 높이게 됩니다.
5. 초조함과 긴장은 사라졌습니다. 예수님이 당신의 배에 타고 계시고, 그분이 당신의 바다를 잠잠하게 하셨으므로, 인생은 다시 순조로워졌다는 것을 알고 있기 때문에 당신은 영감을 받습니다.
6. 걱정은 사라졌습니다. 예수님은 서두른 적이 없으며 늦은 적도 없다는 사실에 당신은 영감을 받습니다. 당신은 그분과 함께 시간에 꼭 맞습니다.
7. 원한은 사라졌습니다. 당신에게 무슨 일이 일어나는지는 당신이 선택할 수 없을지라도, 어떻게 반응할지는 당신이 선택할 수 있다는 사실에 당신은 영감을 받습니다. 당신은 예수님과 함께 승리자이므로 모든 경험은 당신을 성장하도록 합니다.
8. 질투는 사라졌습니다. 하나님께서 만드신 놀라운 자신의 가치를 알고 깨달음으로써 당신은 영감을 받습니다. 그리스도와 당신의 관계에 당신은 너무나 만족하기 때문에 당신은 확신에 차 있고 행복하므로, 하나님이 만드신 놀라운 자신 이외에 세상의 다른 사람이 되고 싶어 하지 않습니다.
9. 부러움과 탐심은 사라졌습니다. 하나님의 자녀로서 당신의 아버

지께서 모든 것을 가지고 계시며 당신은 언제나 그것들을 가질 수 있기 때문에 당신은 영감을 받습니다. 정말 놀랍지 않습니까?

10. 외로움은 사라졌습니다. 당신은 이제 하나님의 친구가 되었으며, 그분은 당신의 동업자이며, 당신 집에 살고 계신다는 것을 알기 때문에 당신은 영감을 받습니다. 당신은 예수의 임재를 실행합니다.

11. 공허함은 사라졌습니다. 하나님의 계획 안에서 당신은 목적과 존귀함을 가지고 있다는 것을 알기 때문에 당신은 영감을 받습니다. 당신의 삶은 하나님과 사람과 당신에게 의미가 있습니다. 예수님은 당신을 통하여 그분의 일을 하시므로 당신은 세상에 아주 중요한 사람입니다.

12. 지루함은 사라졌습니다. 당신이 하나님께 연결되었다는 것을 알기 때문에 당신은 영감을 받습니다. 그분과 함께 당신은 삶에 대하여 열정을 느낍니다. 이 열정이 힘이며, 당신은 그 열정을 끌어내어 사용합니다.

13. 질병은 사라졌습니다. 그리스도의 생명이 당신의 죽을 육신에도 나타난다(고후 4:10)는 사실을 알기 때문에 당신은 새로운 건강에 의해 영감을 받습니다.

14. 당신의 영은 다시 태어났습니다. 새로운 종류의 생명을 받았으므로 당신은 영감을 받습니다. 당신은 그 예수 생명을 받습니다. 당신은 다시 존귀하게 되었습니다. 당신은 목적과 의미를 가지고 있습니다.

15. 당신은 대단한 사람입니다. 당신은 더 이상 아무것도 아닌 사람이 아닙니다. 당신은 하나님의 가족의 일원입니다.
16. 당신의 심장은 새로운 리듬으로 뜁니다. 당신의 신경들은 새로운 파동의 길이, 즉 하나님의 사랑과 평안과 생명을 주는 영감의 파동의 길이에 맞추어져 있습니다.
17. 당신의 마음은 새롭게 되었습니다. 당신은 참되고, 정직하고, 공의롭고, 순수하며, 사랑스럽고, 존경할 만하며, 덕이 있고, 기릴 만한 것들 즉 그리스도의 생각을 생각합니다 (빌 4:8).
18. 당신은 더 이상 자책감에 겁을 먹고 기어다니지 않고 왕가의 자녀의 힘과 자세를 가지고 당당하게 걷기 때문에 당신의 약한 다리는 일어서서 하나님과 함께 행진합니다.
19. 하나님을 있는 모습 그대로 보도록 당신의 먼눈은 열렸습니다. 당신은 하나님께서 사람들을 보듯이 보고 하나님께서 만드신 당신 모습 그대로 자신을 봅니다.
20. 당신의 짧은 다리는 자라나서 침착하게 걸으며 하나님과 함께 왕국 사업을 하는 동역자로서의 삶을 삽니다.

당신이 눈을 들어 당신의 배에 서 계신 예수님을 바라보며, 당신도 일어섭니다. 당신은 강하고 꼿꼿하게 서 있습니다. 당신은 예수 생명으로 다른 사람들에게 영감을 주는 예수의 사람입니다.

제 50 장

긍정적인 욕망에 영감을 주기

뉴욕 시에서 한 창녀가 회심하였습니다. 그녀는 마약을 하며 길거리에서 싸움을 하던 거친 여자였습니다. 그녀의 신체는 근육질의 젊은 남자같이 힘이 세었습니다.

길거리 싸움에서 그녀는 팔 한쪽을 너무 다쳐서 목숨을 구하기 위해서는 팔을 절단해야만 했습니다. 지금 그녀는 의수를 사용하고 있습니다.

그녀는 예수 그리스도의 영감을 주는 사랑에 변화되었습니다.

하나님께서는 이 거칠 대로 거친 한 창녀를 귀하게 여기셔서 그녀를 위해 자신을 내어 주고 그녀 안에 사실 만큼 그녀를 신뢰하셨습니다. 하나님은 사랑받지 못하는 사람들에게 그분 자신을 표현하기 위해서 그녀가 필요했습니다.

다른 사람들이 이 예수를 찾도록 자신이 도와줄 수 있다는 것을 알았기 때문에 그녀는 삶에 대한 새로운 열정을 가지고 얼굴이 빛나는 영감을 주는 사람이 되었습니다.

다른 젊은 신자들과 함께 그녀는 그리스도 안에서 그들이 발견한 영감을 주는 삶에 관하여 사람들에게 말할 수 있는 나눔을 위한 센터를 찾기 시작했습니다.

진짜 영감을 위해 이상적인 상황

뉴욕 시 중심에는 XXX로 등급이 매겨진 영화를 보여주는 극장들이 나란히 있었습니다. 그 중 가운데 있던 것은 문을 닫았습니다. 그녀는 그리스도를 증거하는 장소로 그 극장을 사용하고 싶었습니다. 어느 날 그 건물에 "판매" 표시가 붙여졌습니다.

그 극장 맞은편에는 매춘부들과 그들의 고객들, 그리고 뚜쟁이들이 사용하는 싸구려 여인숙이 있었습니다.

예수 그리스도의 영감과 사랑을 나타내며 가장 아름답게 꽃피는 것을 볼 수 있는 이상적인 상황이었습니다.

그 전직 매춘부는 자기 동료들과 함께 그 극장을 사려고 돈을 구하기로 하였습니다.

그들은 성공했습니다. 하나님께서는 기적적으로 돈을 공급해 주셨으며, 이제 그 건물은 영감을 주는 예수의 복음을 나누며, 영혼을 구원하고, 사람들을 절망에서 건져내어 그리스도의 탁월한 라이프스타일로 인도하는 본부가 되었습니다.

하나님의 욕망을 동경하고 사람들에게 더 높은 영감을 주십시오

이것이 사랑이 뜻하는 것입니다. 하나님이 원하는 것에 의해 우리의 긍정적인 욕망의 힘이 영감을 얻게 될 때 이런 기적이 일어납니다. 그분은 지금 바로 여러분 곁에 서 계십니다. 그분께 가까이 가십시오. 그분은 이 메시지를 당신에게 보내셨습니다. 이제 그분은 당신이 그분으로부터 원하는 것을 당신에게 주려고 준비하고 계십니다.

당신은 하나님의 계획에 꼭 들어맞기 때문에 당신에게 너무 좋은 것은 없습니다. 그분은 당신을 위한 목적을 가지고 계십니다. 그러므로 지금 바로, 그분께 다가서서 큰 소리로 이 기도를 드리십시오.

기도

사랑하는 주님, 지금 나는 주님께 나와 주님을 나의 삶으로 받아들입니다. 주님께서 나를 귀하게 여기신다는 것을 내가 믿을 수 있도록 영감을 주신 주님의 사랑에 감사를 드립니다.

나의 죄는 용서받았습니다. 나의 습관들은 깨뜨려졌습니다. 나의 삶은 변했습니다.

주님께서 내가 되기 바라는 그런 존재로 나를 만드셨다는 것을 알게 되었으므로 나는 오늘 영감을 받았습니다.

나를 정죄한 것은 아담과 하와의 불순종과 말씀에 대한 불신앙이라는 것을 나는 깨달았습니다.

그러나 결코 나를 포기하지 않았던 주님의 사랑에 의해 나는 영감을 받았습니다.

주님께서 나를 위해 죽으셨을 때 나를 구원하신 주님의 행동에 의해 나는 영감을 받았습니다.

나를 회복시키신 그 속량에 의해 나는 영감을 받았습니다. 십자가 위에서 주님께서 나를 위해 하신 일을 나는 결코 할 필요가 없습니다.

나에게 주신 주님의 능력에 의해 나는 영감을 받았습니다. 예수님을 통하여 나는 새로운 삶을 찾았습니다.

나는 나를 채우는 하나님의 안식을 찾았습니다.

나는 나를 흥분시키는 하나님의 열정을 찾았습니다.

나는 나를 세워주는 하나님의 가장 좋은 것을 찾았습니다.

나는 구원받았습니다. 나는 치유받았습니다. 나는 주님의 것입니다. 예수님은 지금 내 안에 계십니다.

주님의 생명과 주님의 능력에 감사를 드립니다. 예수 이름으로 기도합니다. 아멘!

나의 욕망의 능력 (60초 이내)

   나는 하나님과 같이 창조되었으며, 그분이 지금 내 안에 살아계시므로 삶에서 가장 좋은 것을 바라는 나의 욕망은 나를 통해 표현된 그분의 욕망입니다.
   하나님께서 나를 위해 창조하신 그런 존재가 되고, 그 좋은 것을 소유하고, 행하고자 하는 욕망은 나에게 옳은 것입니다.
   행복, 성공, 건강, 형통함은 나를 위한 하나님의 원래 계획입니다. 그분은 결코 그분의 마음을 바꾸지 않으셨습니다. 그분의 사랑의 계획은 가장 좋은 삶을 위한 나의 청사진입니다.
   나의 욕망은 하늘을 향한 나의 믿음입니다.
   나는 결코 종교적인 경건과 물질적인 축복에 대한 부정적인 생각이 하나님의 풍성함을 바라는 나의 욕망을 질식시키도록 하지 않을 것입니다. 그분의 가족 중에 어떤 사람도 보잘것없거나 가난하도록 창조되지 않았습니다.
   나는 하나님께서 내 안에서 일하시는 것을 믿습니다. 나는 그분께 회복되었습니다. 이제 나의 욕망은 내 안에 계신 그분의 욕망입니다.
   하나님을 믿기 때문에 나는 좋은 것을 믿고 좋은 것을 욕망합니다. 내가 하나님의 가장 좋은 것을 누리는 것은 옳은 일입니다.

그리스도교의 사명
오스본 사역의 회고

기독교의 세상에 대한 사명은 그리스도와 그의 부활을 온 천하 만민에게 증거하는 것이다(막 16:15). 사도 바울은 말했다. 누구든지 주의 이름을 부르는 자는 구원을 받으리라(롬 10:13).

T.L. 과 데이지 오스본 부부는 50년이 넘게 전 세계적 사역을 함께 하다가, 1995년에 데이지가 소천했다. T.L.은 수많은 무리에 대한 그의 전 세계 사역을 계속하기로 결심했다.

오스본 부부의 딸, 라도나 박사가 오스본 세계 사역에서 중요한 역할을 맡게 되었다. 그녀의 설교 사역의 명성이 커지자, 그녀는 세계의 새로운 지역들에서 복음 전도 세미나와 대형 기적 집회들에 참여하게 되었다. 그것은 러시아, 프랑스어를 공용어로 사용하는 아프리카, 유라시아, 세계 최대 국가인 중국 등이었다.

국제 오스본 사역의 CEO이자 부총재인 라도나는 이 사역이 전 세계로 확장되도록 역량을 발휘하고 있다. 오스본 국제 전도사역에 대해서는 웹사이트 www.osborn.org를 참조하라.

그들은 60여 년 동안 거의 100여 개 나라에서 수많은 사람들에게 그리스도를 증거해왔다. 여기서 간단하게나마 이 사역을 소개하는 것은 젊은 신자들에게 그들도 온 천하를 다니며 만민에게 복음을 전파할 수 있다는 것(막 16:15)을 알려주기 위해서이다.

하나님께서 택하신 부부

토미 리 오스본과 데이지 머리 와시번은 캘리포니아 주, 로스바노스에서 1942년에 17세와 18세의 나이로 결혼했다. 3년 후, 그들은 인도 선교사가 되었지만, 중동권의 종교인 무슬림과 힌두교 등의 종교를 믿는 그곳의 사람들에게 그리스도를 전하는 데 실패한 채로 미국으로 돌아왔다. 오스본 부부는 그 때까지 아직은 기적에 대한 진리를 알지 못했었다.

T.L.과 데이지는 당황하고 실망한 채 미국에 돌아왔지만, 단념하지는 않았다. 그들은 표적과 기적과 경이로운 일들이 비기독교 국가에서 복음을 확실히 증거하는 데 필수적이라는 것을 배웠다.

또한 그들은 비기독교 나라의 사람들이 성경은 진리이며, 예수 그리스도는 오늘도 살아계시다는 것을 증거하는 기적적인 표적들을 봐야 복음을 믿을 수 있다는 것을 인도 사역을 통해 깨닫게 되었다.

하나님께서 나사렛 예수로 큰 권능과 기사와 표적을 너희 가운데서 베푸사 너희 앞에서 그를 증언하셨다(행 2:22). T.L.과 데이지가 인도 사역에 성공할 수 없었을 때, 그들은 그런 하나님의 확증이 필요하다는 것을 깨달았지만 아직 기적에 대해 배우지는 못했다.

그들이 미국으로 낙심하여 돌아온 얼마 후, 주님께서 그들에게 각각 다른 때에 나타나셨다. 그때 그들은 자신들이 처한 궁지에 대해 해답을 찾고 있었다. 그러고 나서 그들은 성경의 기적들에 대한 믿음을 일으키는 성경의 진리들을 발견하기 시작했다.

그 역동적인 진리들은 그들의 영 안에 하나님의 말씀에 대한 새로운 믿음을 일으켰다. 새로운 삶을 시작하고 기적에 대한 성경적인 사실들을 발견한 그들은 1948년에 구령의 역사를 다시쓰기 시작했다. 이번에는 카리브해의 섬나라 자메이카였다.

그곳에서 사역한 13주 동안 수백 건의 성경적인 기적들이 그들의 전도를 확증해주었다. 귀가 들리지 않던 100여 명이 넘는 사람들이 치료되었고, 90명이 넘는 맹인들이 보게 되었으며, 수백 명의 지체 부자유자와 마비환자들이 회복되었고, 가장 중요한 것으로서 거의 만 명의 영혼들이 예수 그리스도를 구원자로 영접했다.

기적이 일어나는 대형 전도 집회

1949년에 기적에 대한 성경의 진리들을 발견하고 자메이카에서 돌아온 후 그들은 세계 전도 사역을 설립했다.

그들은 소위 식민지 상태였던 "제3세계" 국가에서 기적이 일어나는 대형 전도 집회의 개념을 개척했다.

그들은 민족주의가 일어나 "제3세계" 국가들이 외국의 정치적 지배를 거부하던 위험한 시대에도 수많은 사람들에게 메세지를 전했다.

그들의 모범을 보고 고무된 많은 현지인들이 전 세계에서 일어나 과거의 한계를 벗어나서 세계의 비복음화 국가들에서 복음의 전달자와 교회 개척자가 되었다. 그들 중 다수가 오늘날 가장 저명하고 성공적인 기독교 지도자들이 되었다.

세계 최대의 교회들은 미국이나 유럽에 있지 않다. 기름부음과 재능을 받은 여러 나라의 목회자들이 그런 교회들을 일으켰다. 아프리카의 한 교회에서는 5만 4천 명이 한 지붕아래서 예배를 드리며, 그런 예배가 주일에 세 번 열린다.

또한 다른 나라에서는 6만 명 이상이 앉을 수 있는 교회가 세워지기도 했다.

전 세계 복음전도의 개념

T.L.과 데이지의 전대미문의 복음전도 팀 사역 시절에 미전도자들에게 다가가기 위한 수많은 프로그램들이 시작되었다. 국가 선교사 지원 제도로 3만 명이 넘는 현지인 설교자들을 전임 선교사로 후원하게 되어, 그들이 미복음화 부족들과 부락들에 가게

되었고, 또한 오스본 미니스트리의 정규 지원시스템을 통해 전 세계적으로 15만여 새로운 자립교회들이 세워졌다.

오스본의 저서들은 132개 언어로 출간되었다. 그들의 기적 전도 집회 다큐멘터리, 오디오와 비디오 카세트, 디지털 자료들(성경 공부 포함)은 70개가 넘는 언어로 제작되어 전 세계에 보급되고 있다.

그들은 항공과 선박으로 문서 자료와 구령의 도구들을 해외에 제공해왔다. 수십 대의 4륜구동 차량들에 영화 필름, 프로젝터, 스크린, 발전기, 집회용 음향시설, 오디오 카세트, 카세트 플레이어, 불신자 전도용 문서자료 등을 갖춰 전도했다.

복음을 전하는 저서들

데이지 박사의 5대 저서는 영성들을 위한 기독교 자료 중에 선도적이다. 그러면서도 남녀 모두가 읽을 수 있는 포괄적인 언어로 쓰인 특별한 예이다.

T.L.은 20권이 넘는 주요 저서를 썼다. 첫 저서인 「병든자 고치기 HEALING THE SICK」를 1950년에 썼다. 지금은 46판이 인쇄된 이 책은 전 세계에서 애호하는 책으로서, 여러 나라들에서 성경학교의 교재로 사용되고 있다.

「병든자 고치기」는 현존하는 고전이며, 1950년 이래로 믿음을 세워주는 베스트셀러이다. 백만 권이 넘게 인쇄되었고, 현재 중국어로도 출간되어 배포되고 있으며 중국뿐 아니라 세계적으로 큰 나라인 러시아 등의 주요 국가들에서도 배포되고 있다. 오랫동안 공산국가였던 나라들에서 고통받고 있는 사람들 사이에서 손으로 써서 필사한 책들이 비밀리에 돌고 있다.

오스본 부부는 512쪽에 달하는 고전적인 기록, 「T.L.과 데이지가 전한 복음」THE GOSPEL ACCORDING TO T.L. AND DAISY을 출판했다. 이런 책은 사상 최초였다.

식민지 시대
민족주의 시대
복음증거

라도나 오스본 박사는 세계 전도 사역에 대해 잘 안다. 그녀는 평생 세계의 영혼 구원의 최전선에서 살았다. 그것은 식민지 시대부터 시작해서, 민족주의 격랑을 지나, 대형 전도 집회와 현지 교회 성장의 금세기까지 이어졌다.

오스본 가족은 다음과 같은 단순한 진리들을 고수한다.
1) 성경은 이전 어느 때 만큼이나 오늘날에도 타당하다.
2) 모든 신자에 대한 하나님의 소명은 불신자들에게 그리스도를 증거하는 것이다.
3) 그리스도께로 온 모든 영혼은 그리스도의 대사가 될 수 있다.
4) 표적과 기사와 기적은 기독교를 또 하나의 철학적 종교와 구별시킨다.

이 성경적 내용을 드러내 보이는 것이 전 세계에 대한 기독교의 핵심 사명이다.

T.L.은 라도나와 자신의 입장을 바울의 말로 나타낸다. 우리가 주님께 받은 사명은 곧 하나님의 은혜의 복음을 증언하는 일이다(행 20:24). 지역을 넘어 복음을 전하려 함이라(고후 10:16).

오스본 사역의 역사는 또한 특별하고 역사적인 총 24권의 백과전기 자료에 기록되어 있다. 그것은 총 2만 3천 쪽이 넘으며, 30,946개의 사진을 수록하고, 636권의 신앙잡지와 2,024쪽의 친필일기와 1,011쪽의 오스본 사역의 소식지와 1,062쪽의 세계 사역 자료와 2,516쪽의 세계 선교 보고와 6,113쪽의 기독교 사역 보고를 담고 있다.

24권에 달하는 이러한 두툼한 책을 선반에 꽂으면 2미터 길이의 부피를 차지한다. 이 책들이 전 세계의 고등 교육 기관의 도서관들에 소장되어 있다. 그 중에는 케임브리지, 옥스퍼드, 오랄 로버츠 대학교, 리젠트, 풀러 등의 저명 대학이 있다. 또한 많은 주요 교단들의 본부에도 소장되어 있다.

세계적인 영웅담

T.L.의 80평생 동안, 오스본 사역은 지속적으로 성장해왔다. 아내 데이지의 소천 이후에도 T.L.은 전 세계 복음화를 위한 대형 집회를 이어갔으며, 그의 딸 라도나 박사는 영혼을 구원하는

사역과, 설교하고 가르치는 사역, 그리고 교회의 지도자들을 세우는 사역을 모든 대륙에 확장해 왔다.

바울처럼 라도나는 말하길, 내가 복음을 부끄러워하지 아니하노니 이 복음은 모든 믿는 자에게 구원을 주시는 하나님의 능력이 됨이라(롬 1:16)고 하였다.

오스본 가족의 열정 : 전 세계 모든 사람들에게 예수 그리스도의 복음을 전하고 전파한다.

그들의 신조 : 전 세계 모든 사람들이 복음을 한 번씩 모두 듣기 전에는 아무도 반복해서 복음을 들을 필요가 없다.

그들의 좌우명 : ONE WAY : 예수, ONE JOB : 복음전도

그들 사역의 기본 원리 : 모든 그리스도인은 그리스도의 증인이다.

오스본 사역을 가장 잘 표현하는 것은 사도 요한의 말이다. 우리는 하나님의 말씀과 예수 그리스도의 증거 곧 우리가 본 것을 다 증언하였다(계 1:2). 우리가 이 일들을 증언하고 이 일들을 기록하였으니 우리는 우리의 증언이 참된 줄 안다(요 21:24).

믿음의말씀사 출판물

구입문의 : 031-8005-5483 http://faithbook.kr

■ 케네스 해긴의 「믿음 도서관」 책들
- 새로운 탄생
- 재정 분야의 순종
- 나는 지옥에 갔다 왔습니다
- 하나님의 처방약
- 더 좋은 언약
- 예수의 보배로운 피
- 하나님을 탓하지 마십시오
- 네 주장을 변론하라
- 셀 모임에서 성령인도 받기
- 안수
- 치유를 유지하는 법
- 사랑은 결코 실패하지 않습니다
- 하나님께서 내게 가르쳐 주신 형통의 계시
- 왜 능력 아래 쓰러지는가?
- 다가오는 회복
- 잊어버리는 법을 배우기
- 위대한 세 단어
- 하나님의 은사와 부르심
- 그 이름은 "놀라우신 분"
- 우리에게 속한 것을 알기
- 성령을 받는 성경적인 방법
- 하나님의 영광
- 은혜 안에서의 성장을 방해하는 다섯 가지
- 사랑 가운데 걷는 법
- 바울의 계시: 화해의 복음
- 당신은 당신이 말하는 것을 가질 수 있습니다
- 그리스도 안에서
- 말
- 방언기도의 능력을 풀어 놓으라
- 옳은 사고방식 틀린 사고방식
- 속량 - 가난, 질병, 영적 죽음에서
  값 주고 되사다
- 네 염려를 주께 맡겨라
- 예언을 분별하는 일곱 단계
- 절망적인 상황을 반전시키기
- 당신의 믿음을 풀어 놓는 법
- 진짜 믿음
- 믿음이란 무엇인가
- 그리스도께서 지금 하고 계시는 일
- 충분하고도 넘치는 하나님 엘 샤다이
- 금식에 관한 상식
- 하나님의 말씀 : 모든 것을 고치는 치료제
- 가족을 섬기는 법
- 조에
- 당신이 알아야 하는 신유에 관한
  일곱 가지 원리
- 여성에 관한 질문들
- 인간의 세 가지 본성
- 몸의 치유와 속죄
- 크게 성장하는 믿음
- 하나님 가족의 특권
- 기도의 기술
- 나는 환상을 믿습니다

- 병을 고치는 하나님의 말씀
- 영적 성장
- 신선한 기름부음
- 믿음이 흔들리고 패배한 것 같을 때
  승리를 얻는 법
- 믿음의 선한 싸움을 싸우는 법
- 하나님의 계획과 목적과 추구
- 예수 열린 문
- 믿음의 계단
- 당신을 향한 하나님의 계획
- 역사하는 기도
- 기름부음의 이해
- 내주하시는 성령 임하시는 성령
- 재정적인 번영에 대한 성경적 열쇠들
- 어떻게 하나님의 영으로 인도받을 수 있는가?
- 마이더스 터치
- 치유의 기름부음
- 그리스도의 선물
- 방언
- 믿는 자의 권세(생애기념판)
- 믿음의 양식
- 승리하는 교회

■ E. W. 케년
- 십자가에서 보좌까지 무슨 일이 일어났는가?
- 두 가지 의
- 놀라우신 그 이름 예수
- 하나님 아버지와 그분의 가족
- 나의 신분증
- 두 가지 생명
- 새로운 종류의 사랑
- 그분의 임재 안에서
- 속량의 관점에서 본 성경
- 두 가지 지식
- 피의 언약
- 숨은 사람
- 두 가지 믿음
- 새로운 피조물의 실재

■ 스미스 위글스워스
- 스미스 위글스워스의 천국
- 스미스 위글스워스의 매일묵상
- 위글스워스는 이렇게 했다
- 스미스 위글스워스의 능력의 비밀
- 스미스 위글스워스 –
  하나님의 능력으로 불타오른 삶

■ T. L. 오스본
- 행동하는 신자들
- 기적 – 하나님 사랑의 증거
- 새롭게 시작하는 기적 인생
- 좋은 인생
- 성경적인 치유
- 능력으로 역사하는 메시지

- 100개의 신유 진리
- 24 기도 원리 7 기도 우선순위
- 하나님의 큰 그림
- 긍정적 욕망의 힘
- 당신은 하나님의 최고의 작품입니다

■ 잔 오스틴
- 믿음의 말씀 고백기도집
- 하나님의 사랑의 흐름
- 견고한 진 무너뜨리기
- 초자연적인 흐름을 따르는 법
- 당신의 운명을 바꿀 수 있습니다
- 어떻게 하나님의 능력을 풀어놓을 수 있는가?

■ 크리스 오야킬로메
- 여기서 머물지 말라
- 이제 당신이 거듭났으니
- 당신의 인생을 재창조하라
- 이 마차에 함께 타라
- 방언기도학교 31일
- 그리스도 안에 있는 당신의 권리
- 성령님과 당신
- 성령님이 당신 안에서 행하실 일곱 가지
- 성령님이 당신을 위해 행하실 일곱 가지
- 기적을 받고 유지하는 법
- 하나님께서 당신을 방문하실 때
- 올바른 방식으로 기도하기
- 당신의 믿음을 역사하게 하는 법
- 끝없이 샘솟는 기쁨
- 기름과 겉옷
- 약속의 땅
- 하나님의 일곱 영
- 예언
- 시온의 문
- 하늘에서 온 치유
- 효과적으로 기도하는 법
- 어떤 질병도 없이
- 주제별 말씀의 실재
- 마음의 능력

■ 앤드류 워맥
- 당신은 이미 가졌습니다
- 은혜와 믿음의 균형 안에 사는 삶
- 하나님의 참된 본성
- 하나님은 당신이 건강하기 원하십니다
- 영 · 혼 · 몸
- 전쟁은 끝났습니다
- 믿는 자의 권세
- 새로운 당신과 성령님
- 노력 없이 오는 변화
- 하나님의 충만함 안에 거하는 열쇠
- 더 좋은 기도 방법 한 가지
- 재정의 청지기 직분
- 하나님을 제한하지 마라
- 하나님의 뜻을 발견하고 따라가며 성취하라
- 하나님의 참 본성
- 하나님의 최선 안에 사는 법
- 더 큰 은혜 더 큰 은총
- 리더십의 10가지 핵심요소

■ 기타 「믿음의 말씀」 설교자들
- 성령의 삶 능력의 삶
- 복을 취하는 법
- 주는 자에게 복이 되는 선물
- 믿음으로 사는 삶
- 붉은 줄의 기적
- 당신이 말한 대로 얻게 됩니다
- 예수-치유의 길 건강의 능력
- 성령 안의 내 능력
- 존 G. 레이크의 치유
- 믿음과 고백
- 임재 중심 교회
- 성령충만한 그리스도인의 지침서
- 열정과 끈기
- 제자 만들기
- 어떻게 교회를 배가하는가
- 운명
- 모든 사람을 위한 치유
- 회복된 통치권
- 그렇지 않습니다
- 당신의 자녀를 리더로 훈련하라
- 오순절 운동을 일으킨 하나님의 바람
- 지속할 수 있는 힘
- 주일 예배를 넘어서
- 신약교회를 찾아서
- 내가 올 때까지
- 매일의 불씨
- 여성의 건강한 자아상
- 왜 손을 얹으면 치유되는가?

■ 김진호 · 최순애
- 왕과 제사장
- 새로운 피조물의 실재
- 믿음의 반석
- 믿음의 반석 학습 지침서
- 믿음의 반석 학습 지침서(영어판)
- 새 언약의 기도
- 새로운 피조물 고백기도집
- 새로운 피조물 고백기도집(큰글자)
- 새로운 피조물 고백기도집(영어판)
- 새로운 피조물 고백기도집(한영판)
- 성령 인도
- 복음의 신조
- 존중하는 삶
- 성경의 세 가지 접근
- 말씀 묵상과 고백
- 그리스도의 교리
- 영혼 구원
- 새로운 피조물의 기초
- 새로운 피조물의 기초(영어판)
- 새로운 피조물
- 믿음의 말씀 운동의 뿌리
- 1인 기업가 마인드
- 내 양을 치라
- 새사람을 입으라
- 읽으며 꿈꾸며 사랑하며